陈 健◎著

幸福文化赋能学校创新发展
——学校文化建设的实践与探索

西南交通大学出版社
·成 都·

图书在版编目（CIP）数据

幸福文化赋能学校创新发展：学校文化建设的实践与探索 / 陈健著. —成都：西南交通大学出版社，2023.6
ISBN 978-7-5643-9210-9

Ⅰ. ①幸… Ⅱ. ①陈… Ⅲ. ①校园文化 – 建设 – 研究 Ⅳ. ①G47

中国国家版本馆 CIP 数据核字（2023）第 046178 号

Xingfu Wenhua Funeng Xuexiao Chuangxin Fazhan
幸福文化赋能学校创新发展
——学校文化建设的实践与探索
陈　健　著

责 任 编 辑	梁　红
封 面 设 计	阎冰洁
出 版 发 行	西南交通大学出版社
	（四川省成都市金牛区二环路北一段 111 号
	西南交通大学创新大厦 21 楼）
发行部电话	028-87600564　028-87600533
邮 政 编 码	610031
网　　　址	http://www.xnjdcbs.com
印　　　刷	四川煤田地质制图印务有限责任公司
成 品 尺 寸	170 mm × 230 mm
印　　　张	18
字　　　数	285 千
版　　　次	2023 年 6 月第 1 版
印　　　次	2023 年 6 月第 1 次
书　　　号	ISBN 978-7-5643-9210-9
定　　　价	88.00 元

图书如有印装质量问题　本社负责退换
版权所有　盗版必究　举报电话：028-87600562

序 言

在《幸福文化赋能学校创新发展》即将付梓之际,非常高兴能为此书作序以表祝贺!

学校文化是学校发展的灵魂,是凝聚人心、展示学校形象、提高学校文明程度的重要体现。学校文化塑造着学校的品质,决定着学校高质量内涵式发展的路径。

在学校幸福文化的引领下,陕西西咸新区沣东新城第一初级中学以"创建师生幸福的百年优质学校"为办学目标,致力培养"素养全面、特长明显、勇于创新、敢于担当的现代中国人",用办学实绩证明如何创建一所基础教育优质学校。

在这本书中,陈健校长基于学校幸福文化,以自身丰富的教育教学经验和睿智深刻的思考,为我们呈现了一幅全面而细致的学校创新发展图景。书中描绘的学校幸福课程体系、幸福课堂构建、幸福教师研修制度、幸福学生成长实录,均展现了学校在陈健校长带领下办学取得的显著成绩,这些内容都是我们教育工作者关注的重点,也是我们在教育教学实践中不断探索和创新的方向。

我们生活在一个高质量快速发展的新时代,教育教学也必须与时俱进,不断创新和变革。只有持续地探索和实践,才能为学校的创新发展注入新的活力和动力。值此著作出版之际,希望教育工作者们认真阅读此书,汲取闪光的思想、创新的思路和实践的精华,注重学生的全面发展,注重教育的质量和效果,注重教师的专业发展和素质提升,注重学校的文化建设和品牌形象塑造，形成本校的办学特色，办好人民满意的教育。

　　根植西咸，花开世界。希冀沣东一中把教育工作倾心做实，倾情做细，倾力做优，让学校教育真正担负起启迪智慧、培养能力、润泽生命的职能，以学校创新发展之花，结丰硕育人之果，建百年优质学校。

陕西省教育科学研究院院长

2023年1月

前言

教育家苏霍姆林斯基说过："有怎样的校长，就有怎样的学校，一个好校长就是一所好学校。"陶行知说"校长是一个学校的灵魂"，他的教育理念，决定着学校的发展方向，他的素质高低决定着一所学校办学的成败。校长是一所学校的灵魂，一定要成为师生的榜样。

如何创办一所优质的学校？我认为一定要有遵循教育教学规律的学校顶层设计，具备以师生为本的办学理念，以学生终身发展为核心的多元化课程，永不满足的办学心态，开放包容的办学策略，继承创新的办学精神。学校的发展策略应该是尊重规律、多元融合、主动创新，学校的特质应是规范、特色、活力。

本书通过理念引领（描绘师生幸福蓝图篇）、探寻幸福方向（构建幸福课程体系篇）、实现幸福路径（打造优质幸福课堂篇）、幸福地教（助力教师专业发展篇）、幸福地学（培养学生全面成长篇）等主题来阐明学校是如何基于幸福文化顶层设计进行办学的思考与实践的。让每一位孩子感受到幸福成长的喜悦，收获品质的提升、能力的提高、学业的进步；让每一位老师幸福地工作，收获情怀的升华、师德的提升、专业的发展。仰望星空，脚踏实地，让教育成为师生共同的幸福之旅。

陈健

2022年12月

目 录

第一篇　理念引领——描绘师生幸福蓝图

  第一章　学校顶层设计　　　　　　　　　　003

  第二章　特色学校绽放别样精彩　　　　　　008

  第三章　科学规划，扬帆远航　　　　　　　012

  第四章　逐梦教育路　　　　　　　　　　　020

第二篇　探寻幸福方向——构建幸福课程体系

  第五章　幸福课程开设体系　　　　　　　　029

  第六章　校本课程评价方案　　　　　　　　032

  第七章　幸福课程开设计划　　　　　　　　036

  第八章　校本课程教师研修　　　　　　　　044

  第九章　校本课程研发与实践策略　　　　　046

第三篇　实现幸福路径——打造优质幸福课堂

  第十章　幸福课堂教学设计　　　　　　　　055

  第十一章　WI智慧幸福课堂实践　　　　　　062

  第十二章　幸福教师教学行为规范　　　　　067

  第十三章　幸福教师教学行为检查规范　　　089

  第十四章　幸福教师教学行为考核方案　　　097

  第十五章　幸福学校教育教学管理创新的实践探索　　101

第十六章	幸福学校教学管理制度保障	106
第十七章	"135师生幸福课堂"实施方案	110

第四篇　幸福地教——助力教师专业发展

第十八章	幸福教师研修培训	127
第十九章	幸福文化教师成果	179

第五篇　幸福地学——促进学生全面成长

第二十章	学生潜能的激发	261
第二十一章	微学习	269
第二十二章	学生课堂及自习规范	271
第二十三章	社团工作	273

理念引领
——描绘师生幸福蓝图

第一章　学校顶层设计

什么样的学校是好学校？好学校应该具有什么特质？笔者认为，好的学校应该具有先进的办学理念、以人为本的办学目标、可持续发展的学生培养目标及丰富多彩的文化内涵。西咸新区沣东新城第一初级中学（以下简称"沣东一中"）立足于高起点、高目标、高品质的办学定位，积极创办"师生幸福的百年名校"，着力打造区域一流、国内知名的现代化幸福公办学校。

一、办学理念：拥抱每个孩子，拥抱未来世界

学校办学以人为本，注重师生全面、可持续发展。让每一位孩子感受到幸福成长的喜悦，收获品质的提升、能力的提高、学业的进步；让每一位老师幸福地工作，收获情怀的升华、师德的提升、专业的提高。让师生具备"中国心、世界眼、现代脑、创新手、科学魂"，更好地适应未来社会发展需要，从而实现人人精彩、处处美好的办学愿景。根植中国，花开世界。

二、办学目标：师生幸福的百年名校

幸福，既指使人心情舒畅的境遇和生活，也指生活、境遇称心如意。

师生幸福，指每位学生感受到成长的幸福，每位教师体验到工作的幸福；学生因品质的提升、能力的提高、学业的进步而幸福；教师因情怀的升华、专业能力的提升而幸福，学校因师生幸福的成长、家长的赞誉而幸福。

百年名校，指具备以人为本的办学理念，具备放眼世界的办学特色，具备传承创新的办学文化特质的可持续发展的品质学校。

创办幸福的百年名校，指学校以"人人精彩、人人幸福"为办学愿景，以成就幸福教师，打造幸福班级，培养幸福学生，引领幸福家长，共享幸福

人生为目标。鼓励教师有"当幸福教师、播种美好"的人生追求，鼓励学生有"做幸福学生、创造精彩"的成长目标，让校园成为师生共同成长的乐园，让课堂成为学生快乐成长的殿堂。让每个孩子幸福绽放，让每个老师幸福育人，让整个校园幸福阳光。

幸福校园包括幸福学校文化、幸福教师队伍、幸福成长课程。

（1）幸福学校文化：包含幸福学校物质文化和幸福学校精神文化。

幸福学校物质文化：指学校是一所教学设施一流、环境幽雅，信息化、现代化的学校，师生在学校感受到家的温馨，能幸福地工作、学习和生活。

幸福学校精神文化：学校以打造"诚信、欣赏、创新、进取"的文化氛围为目标，让学生快乐地学习，让教师幸福地工作。

（2）幸福教师队伍：指教师因学生获得成长而幸福；教师因为家长、学生的赞誉而幸福；教师因专业发展而幸福；教师因是幸福团队中的一员而幸福；教师因所处的校园氛围而幸福。

（3）幸福成长课程：指以高效率、低负担学习为目的的全方位立体的成长课程，是实现素质教育和应试教育完美结合的有力抓手。课程的开发实施是让学生体验快乐学习、收获成功的喜悦的过程，是帮助学生提升综合素质、发展特长，培养勇于创新、敢于担当品质的课程。

幸福成长课程分为三类：基础型课程、拓展型课程、研究型（社团）课程。

基础型课程注重培养学生的基本素质，让学生掌握基础知识、基本技能、基本思想、基本经验。

拓展型课程注重培养学生特长，激发学生的兴趣爱好，开发学生的潜能，促进学生个性化的发展，拓宽学生的视野，丰富学生的体验。

研究型（社团）课程注重培养学生敢于创新、勇于担当的品质，提升学生发现和提出问题、探究和解决问题的能力，使学生更好地适应未来社会。

三、学生培养目标：培养素养全面、特长明显、勇于创新、敢于担当的现代中国人

素养全面，指培养学生具备会生存、会做人、会学习、会健体、会审美、会创新的品质，让学生掌握基础知识、基本技能、基本思想、基本经

验，促进学生基本素养的形成和发展。具体表现：学会生存，从自立开始；学会做人，从感恩开始；学会学习，从听讲开始；学会健体，从做操开始；学会审美，从穿着开始；学会创新，从思考开始。

特长明显，指激发学生的兴趣爱好，开发学生的潜能，让每个学生掌握终身受用的技能和品质，从而更好地立足社会。

勇于创新：指要培养学生创新的意识、创新的思维、创新的能力，提升学生发现问题、提出问题、解决问题的能力。让学生超越自我，追求精彩的人生，更好地适应未来。

敢于担当：指学生以对自己负责为起点，学会修身；对家庭负责为基本点，学会孝敬；对学习负责为支撑点，学会求知；对他人负责为出发点，学会合作；对集体负责为凝聚点，学会关心；对社会负责为最高点，学会报答。努力让学生成为有担当的时代追梦人。

现代中国人，指具有家国情怀和国际视野，有理想、有本领、有担当的时代新人。

四、学校文化内涵

1. 办学愿景：人人精彩，处处美好

以创建师生幸福的百年名校为办学目标，让教师幸福地工作，师德品质有提升、专业能力有提高，成为家长和学生赞誉的优秀教师；让学生幸福地成长，品质有提升，能力有提高，学业有发展，努力成为具有家国情怀和国际视野，会学习、会做事、会共处、会生存的现代中国人。让师生人人发展、人人幸福。

学校硬件设施一流，校园环境优美，师生在学校感受到家的温馨；学校人文环境良好（诚信、欣赏、创新、进取），学生快乐地学习，教师幸福地工作。教师有"当幸福教师、播种美好"的人生追求，学生有"做幸福学生、创造精彩"的成长目标。

让每个孩子幸福绽放，让每个老师幸福育人，让整个校园幸福阳光。

2. 一训三风

校训：仰望星空、脚踏实地。

于学校：学校以建设师生幸福的百年名校为目标，高标准、高品质定

位，办学理念具有前瞻性、可持续性，办学措施务实、高效。

于教师：树立崇高的职业理想，努力成为有仁爱之心、师德高尚、业务精良的优秀教师。

于学生：树立远大人生理想，努力成为具有家国情怀和国际视野，会学习、会做事、会共处、会生存的现代中国人。

校风：务实创新、合作分享。

于学校：学校办学以人为本，管理制度化、工作规范有序化、教师培养创新化、育人模式特色化、课堂模式高效化。

于教师：教师具有师德高尚、业务精湛的品质，工作认真，善于交流、合作、学习，勇于钻研。

于学生：学生具备创新的意识和务实的作风，素养全面，会合作、会分享。

教风：厚德博学、敬业爱生。

教师具备崇高的理想信念、高尚的道德情操、扎实的学识、仁爱的品质，热爱工作、热爱学生。

学风：好奇善思、自信乐学。

学生具备主动发现问题的意识，善于思考，善于解决问题。在自信中成长，乐在其中，欣赏自我，成就自我。

3. 办学方略

高目标定位，创一流名校。

高素质师资，创名师团队。

高水平研修，创特色模式。

高品质德育，创健全人格。

高效率课堂，创优异成绩。

高质量教育，创幸福英才。

五、办学特色

学校坚持以"特色出品质，以品质谋发展"的发展思路，着力打造沣东一中办学特色。

1. 学生具备创新的特质

通过航模社团、Steam社团等社团活动的开展，培养学生创新意识和动手实践能力，让学生具备发现问题、分析问题、解决问题的能力。

2. 学生具备善于交往、长于生存的特质

通过校本课程"生涯课程"的开设，让学生掌握自救的技能，学会生存，学会交往，更好地立足社会，更好地成长。

一群心怀教育理想的有志青年，一所未来可期的学校。沣东一中人将不忘初心、砥砺前行，以饱满的热情去迎接挑战，在成长中把握机遇，在奋斗中成就幸福，为创建人人精彩、处处美好的一流名校而努力。

第二章　特色学校绽放别样精彩

一、落实五育并举，打造幸福课程

学校坚持"夯实办学规范，打造办学特色，追求办学品质"的办学思路，结合"拥抱每个孩子，拥抱未来世界"的办学理念和"创办师生幸福的百年名校"的办学目标，打造特色幸福课程体系。

（一）幸福课程，百花齐放

幸福课程体系旨在以学生为本，注重学生德智体美劳全面发展。课程分为五类，分别是启明课程（基础）、旭日课程（拓展）、阳光课程（社团）、彩虹课程（俱乐部）以及云舟课程（德育主题）。通过特色幸福课程的开设，促进学生全面发展，为学生终身发展奠基。

（二）幸福课堂，梦想启航

学校构建"135幸福课堂"，从"情境的创设、精妙的问题、良好的活动、情感与价值"出发，使学生体会到学习的幸福、生活的幸福、交往的幸福、成长的幸福，让学生在学习和成长过程中提升奉献幸福的人格、体验幸福的境界、创造幸福的能力、理解幸福的思维、察觉幸福的感知，从而使教师幸福地教，学生幸福地学，使教育成为师生共同的幸福之旅。

（三）五育融合，提质增效

学校坚持以培养"素养全面、特长明显、勇于创新、敢于担当的现代中国人"为目标，采用"1+N+3"的课后服务模式（"1"指作业辅导，"N"指素质拓展类活动，"3"指学生、家长、学校三方评价），以培养学生学会生存、学会做人、学会学习、学会与人相处的综合素养为长远目标，让每位孩子更好地立足社会，成长成才。

五育并举，促学生全面发展；潜心育人，做"四有"好老师。沣东一中全体教师都担负着"立德树人"的光荣使命。学校将继续践行幸福教育模式，实现人人精彩、处处美好的办学愿景。让每个孩子幸福绽放，让每个老师幸福育人，让整个校园幸福阳光！

二、深化研修机制，成就幸福教师

学校通过西安名师驻校制、校本研修培训制、上海培训项目化制等教师研修成长机制，搭建专题培训平台，助力教师专业素养的提高，让教师收获成长的幸福。

（一）业务培训，拓宽视野

学校积极与上级教育部门沟通，组织教师参加各级各类教育教学培训，助力学校教师拓宽专业视野，丰富教学理念。

（二）驻校教研，提升能力

学校聘请了14名省市级教学能手、骨干教师和学科带头人担任11个学科的驻校教研员，定期来校指导学科教学工作，同时，为学校教师进行项目化、专题化的业务培训，助力教师业务能力快速提升。

（三）规范课堂，提升质量

学校通过扎实开展三级三类公开课："规范行为有效教学"——研讨课，教研组"有效教学"——公开课，学校"有效教学"——展示课，规范教师课堂教学行为，有效提升教师课堂教学能力。

（四）研修文化，赋能发展

学校组织教师撰写教学设计、读书笔记、教学论文、教育叙事和教学随笔等，在此基础上，创办校级教研刊物《星空诗妍》《星空文苑》《教学设计》。

面对新课程、新教材和新一轮课程改革对学校教育和教师专业素养提出的新挑战，学校积极发挥教育科研与教师培训的引领作用，强化教师思想政治教育和师德建设，打造高素质专业化教师团队，提升教学科研实效性，打造学科精品课程，积极开拓创新，以期取得新的成绩。

三、三维协同德育，培养幸福学生

学校以"三学会和三喜欢"（"三学会"，即学会微笑，拉近心灵距离；学会问候，打开沟通之门；学会感恩，构建美好人生；"三喜欢"，即喜欢老师，喜欢学校，喜欢学习）为德育主题教育主线，以培养学生学会生存、学会做人、学会学习、学会与人相处的综合素养为长远目标，让每位学生更好地幸福成才。

（一）多元课堂，素养提升

以"源头活水"，促"百花齐放"。学校结合"素质全面、特长明显"的育人目标，优化课后服务质量，丰富课程体系，确保在不增加学生学业负担的情况下，积极拓展社团活动新思路，打造特色幸福课程体系之阳光课程，为学生的素质提升提供学习平台。学校现有社团45个，人人进社团，人人学技能，人人有特长，让学生三年内至少学会三项技能。目前，已形成以棒球、射箭、女足、国标舞、民族舞、书法、篆刻、葫芦丝、尤克里里、卡林巴、英语戏剧、历史话剧、古建筑复原、韩语、播音主持等多元发展的艺术教育新特色。

（二）多彩活动，文化育人

学校为德育教育构建了丰富的活动载体，为学生搭建展示自己的平台，坚持在活动中提升育人效果。让每个孩子发现新的自我，收获知识，收获自信，收获成长的幸福。

（三）三位一体，合力护航

学校构建学校教育、家庭教育和社会教育"三位一体"的育人格局，实现教育功能的互补和整合。与校级家委会、班级家委会保持阶梯式联系，根据家长与学生的不同情况，每学期开展家长开放日活动，邀请家庭教育专家来校为家长开展家庭教育主题指导，搭建家长与孩子之间有效沟通的桥梁，一面面红色的锦旗彰显着家长对学校工作的支持与认可。

仰望星空，脚踏实地，拥抱幸福。学校将持续引领莘莘学子丰盈知识底蕴、锤炼学科能力、涵养人文情怀，培养素养全面、特长明显、勇于创新、敢于担当的现代中国人。

第三章　科学规划，扬帆远航
——2022—2023学年度工作计划

为尽快将学校打造成为区内优质学校，彰显办学品牌效应，加快学校高质量发展，逐步实现办学目标，打造办学特色，根据西咸新区教育体育局工作要求，结合学校实际，特制订本学年度工作计划。

一、指导思想

以党和国家对教育的基本要求，以及《义务教育课程方案和课程标准》（2022年版）为依据，以创建师生幸福的百年名校，培养素养全面、特长明显、勇于创新、敢于担当的现代中国人的顶层设计为出发点，结合学校与教师工作实际，尊重教育规律，坚持"夯实办学规范，打造办学特色，追求办学品质"的办学思路，促进学生学业高质量提升，促进教师专业能力快速提升，促进学校高质量发展，着力打造沣东一中办学特色。

二、工作目标

根据西咸新区教育体育局工作要求，以及学校办学顶层设计，特制定2022—2023学年度学校工作主要目标任务。

（1）立德树人，强化教师思想政治和师德师风建设。

（2）铸魂强师，打造高素质专业化创新型教师团队。

（3）减负提质，推进"135师生幸福课堂"教学改革。

（4）骨干培养，促进优秀青年干部在历练中成长。

（5）中考备考，全力以赴拼搏，用佳绩践行教育初心。

（6）夯实管理，让教学管理制度化、流程化、人性化。

（7）课程优化，让课程助力育人目标的实现。

（8）安全常抓，严抓安全工作落实，确保良好教学秩序。

三、基本措施

为了确保本学年度主要工作目标如期实现，特制定以下方法与措施。

（一）立德树人，强化师德师风建设

教师的世界观、人生观、价值观对学生的成长、自己的幸福满意度、学校的发展起着至关重要的作用。基于我校年轻教师较多的现状，需加强教师"三观"教育和师德师风教育。我校将以党建引领师德提升，通过行政管理中心、教师发展中心、工会积极搭建师德学习、交流提升的平台。让教师学师德楷模、尊师德规范、守师德底线，争做师德师风建设的行动者和引领者，让每一位老师真正成为厚德博学、敬业爱生的优秀教师。

1. 组织开展政治理论专题学习培训

利用寒暑假集中研修时间，以及期中、期末等重要时间节点，组织专场政治理论专题学习培训，促进教师师德提升。

2. 评选并表彰校级师德标兵和教书育人先进个人

通过学生、家长、老师三级评选机制，开展学年度校级师德标兵和教书育人先进个人评选表彰工作，树立师德标杆，激励广大教师向优秀教师学习，最终成为优秀教师。

3. 举办"铸魂强师"项目化之教师节专场"师德报告会"

邀请知名师德楷模来校为教师作师德主题报告，用先进的、典型的教育案例激励青年教师以积极向上的姿态和扎实有效的工作，展现沣东一中教师优秀风采。

4. 开展"铸魂强师"项目化之"青年教师讲述'我的育人故事'"征文评选与讲演比赛系列活动

举行"铸魂强师"项目化之"青年教师讲述'我的育人故事'"征文评选与讲演比赛系列活动，旨在树立并宣传我校教师团队中有理想、有智慧、有实干精神的先进教师典型，影响和促进更多教师成为师德先进育人楷模，提升整体教师团队的育人能力和教学水平。

（二）铸魂强师，打造高素质专业化创新型教师团队

高质量教师是学校教育高质量发展的中坚力量。为推动学校教育的高质量快速发展，我校将加大培训力度，创新研修形式，注重培训效果，总结培训经验，力争打造符合我校校情的教师研修新机制。

1. 持续推动驻校教研员指导力度，实现指导效度化

学校将以驻校教研员来校指导教育教学工作为抓手，有计划地开展项目化专题培训指导工作，让驻校教研员指导成为常态化、制度化，有效解决年轻教师专业成长问题，助力教师专业能力提升。

2. 项目化专题培训，助力教师专项能力提升

针对教育教学中出现的问题，有针对性地、扎实有效地开展项目化专项研修活动，坚持发现问题、分析问题、解决问题的研修思路，切实促进教师专业能力的提升。本年度拟开展微型课专题培训、实践作业设计、学科幸福课堂构建等专题培训。

3. "见习期教师'师徒结对'"，以优培优，全面提升

为使新入职教师尽快适应我校教育教学工作，了解学校教育教学常规要求，拟遴选一批校内工作表现积极且有2年以上教育教学经验的骨干教师担任指导教师，做好见习期教师帮扶指导工作。

4. 潜力型教师成长"导师制"，榜样引领，示范带头

遴选工作2年以上，有事业心，积极上进，勤于钻研教学业务且教学成绩高于备课组其他教师的潜力型学科骨干教师，在校外专家指导团队的精心培养下，参加新区、省市各级赛教、评优课，迅速成长为学校学科带头人，起到榜样引领和示范带头作用，为学科组建设打好基础。

5. 重视学校教研文化，引领教师反思成长

搭建研修平台，形成校园教研文化，引导教师进行自我反思，助力教师专业成长。

（1）坚持办好教研刊物《星空诗妍》《星空文苑》，搭建交流学习的主阵地。

（2）坚持开展每周五的"微反思"，即教育教学和管理工作周反思，用求实文化引领教师，促进教师专业自主发展。

（3）关注教师的心理健康和生活状态，让教师幸福地工作和生活。

（三）减负提质，推进"135师生幸福课堂"教学改革

为有效提升教育教学质量，狠抓课堂教育主阵地，我校结合学校顶层设计，依据学情，在前期试点的基础上，打造符合我校特质的"135师生幸福课堂"（一个目标：师生幸福的百年名校；三个幸福：自主的幸福、交往的幸福、担当的幸福；五个发力点：情境与问题、自主与活动、应用与迁移、小结与评价、情感与价值）。真正实现为师生减负，为教育教学质量增效的目的。

1. 实施"135师生幸福课堂"项目化之研讨展示课系列教学月活动

9月："135师生幸福课堂"项目化之备课组研讨课月。

10月："135师生幸福课堂"项目化之教研组交流研讨课教学月。

11月："135师生幸福课堂"项目校级示范课例研讨、专家调研遴选、优课打磨指导。

12月："135师生幸福课堂"项目化之"幸福课堂"校级展示课。

届时将邀请西安西咸新区、省市教科院领导和我校专家团队各位专家现场指导，以期取得积极的展示宣传效应。

2. 以课题为抓手，做好阶段研讨交流与提升

以省级规划课题"'135师生幸福课堂'构建与应用研究"为抓手，做好阶段研讨交流和总结提升，在研究中深化，在深化中研究。同时，定期邀请我校驻校教研员专家团队来校进行课堂建设指导工作，有序推进幸福课堂建设。

（四）骨干培养，促进优秀青年干部在历练中成长

学生数量的增加以及办学规模的扩大对学校管理提出更高的要求。我校为加快学校管理团队建设，提升管理效能，创新干部队伍选拔培养方式。2022年3月，公开竞聘、民主测评选拔确定了首批5名见习助理，并以挂职方式进行为期3年的培养。经过上半年的初步实践，从挂职锻炼到理论学习，从专题讲座到轮值体验，后备干部的专业素养、工作热情、工作能力有了不同程度的提升，责任意识不断增强，经验不断丰富。为了进一步促进后备干部增强角色定位，提高工作能力，践行服务师生员工的工作理念，拟开展以下工作。

1. 继续抓好青干班学员理论学习和实践分享

（1）继续组织相应的教育管理理论与实践专题培训，并突出培训的针对性和时效性。坚持每周一反思，每周一总结。

（2）3月、5月、9月、12月组织四次青干班学员对管理著作进行专题阅读分享交流活动。

（3）2022年8月下旬、2023年1月和5月上旬，召开青年干部培养项目化之阶段学习成长交流汇报会。

2. 组织青干班学员开展学习培训和参观体验活动

为促进青干班学员开阔眼界，学习、借鉴其他学校中层干部成长经验，本年度计划拟分六批组织青干班学员在市内名校参观学习。

3. 选拔优秀学员转岗轮岗，经受不同岗位历练

青干班学员尝试转岗轮岗，在不同岗位的历练中掌握教育教学管理的基本规律，在德育管理中思考教学，在教学管理中渗透德育，在行政管理中兼顾全局，积累不同岗位的管理经验。

（五）中考备考，全力以赴拼搏，用佳绩践行教育初心

2023年的中考成绩对学校发展至关重要。为了给学生、家长、社会交上一份满意的答卷，为了践行教育初心，我校将加强中考备考力度，统筹各种资源，扎实细化各个环节，力争取得沣东新城教育系统"保四争三"的成绩。

1. 明方向，细方案，强落实

科学分析近五年陕西中考试题，学习借鉴名校备考经验。前期，我校将邀请有丰富复习备考经验的骨干教师为我校教师进行专业指导，手把手制定学科复习方案；教学管理中心扎实做好各个环节监督工作；后期，邀请省中考学科命题人做好复习冲刺工作。

2. 加强家校联系，确保复习有序进行

为保证中考工作有序进行，我校将加强与家委会沟通，争取家长的支持，让家长参与中考相关工作，让师生将更多精力投入复习备考。

3. 加强备考管理，明确分工职责，细化环节落实

（1）全面分析学生的基本情况，分类型制订学生复习计划。

做好三类学生培优工作：尖子生、临界生、待优生。注重培养尖子生和

临界生，动态帮扶待优生。分层制订复习计划，分层突破，全面提升。培优工作将充分利用课后服务时间，专题突破，专项突破，加大试题难度，加大练习任务量，加大检测力度，要从身体、生活、学习、思想各方面多给予他们关心。对他们既要有"压"，更要有导，要善于发现学生的亮点，让他们感受到老师对他们充满关心和支持，增强克服困难的信心。

（2）认真分析中考试题，精准把握中考动向。

认真研究近几年中考的方向和热点，多渠道获取复习资源，经常与教研室及其他优质学校共享优质资源，切实明确考什么、怎么考，怎么复习更有效果。加强学科组复习研讨力度，常交流，常反思，常改进。精准化制定、调整教学内容、教学手段、教学进度、教学重难点，有针对性地进行复习备考。

（3）狠抓课堂教学环节，保证课堂教学质量。

严格落实学校教学常规要求，课堂规范，坚持"低起点、小坡度、大容量、快反馈、强矫正"的复习策略，以问题为导向，注重教学效果。统一复习课模式，统一试题，统一作业，统一分析，统一培优，统一补差，统一研讨。教学管理中心安排专人每天听两节课，及时发现问题，及时反思解决问题，总结复习备考的有效策略和方法。

（六）夯实管理，让教学管理制度化、流程化、高效化

本学年度将深入推进教学常规精细化管理，以"课前，课中，课后"三个维度为抓手，检查常态化、逐级化，反馈经常化、定期化。打造教学管理的闭环，积极落实教学管理项目化提升。力争实现教学管理制度化、流程化、高效化。

1. 教学管理项目化提升

（1）课前抓教学设计检查。教学管理中心将严格按照教学设计"十个维度"对教师教学设计进行检查。检查采取教师自查、备课组之间互查、教学管理中心专项检查的方式，并在检查后针对检查结果进行有效反馈，敦促教师反思和整改。

（2）课中抓教学流程标准。严格按照教学管理中心规定的教学流程对课堂教学进行规范，加大对课堂的检查和督促力度，定期反馈。

（3）课后抓学生作业反馈。教学管理中心将从三个方面落实作业监督：一是作业设计；二是作业批改；三是作业纠错。

2. 教学管理制度化、教学实施流程化

完善教学管理制度，保障教学有序进行。将课堂教学、考务工作、周评价月评价等教学相关流程形成制度，让全体教师内化制度于心，外化实践于行，减轻老师负担，使其工作效率高起来。

3. 教学督查随机化、教学检查精细化

探索"四检"质量管理法，即"自检、互检、抽检、专检"。对检查中发现的不合格事项按照"问题不过天，整改不过夜"的原则要求立即整改，在整改的同时，采用增加抽样比例的办法进行二次抽检。对抽检工作做到有检查必有反馈。每天进行一次随机课堂教学情况观测，按照"三定"（定人、定置、定场）设置观测点；每周备课组集体备课情况检查；每周进行一次随机教案抽检，每月进行一次教案普查，对检查情况详细记录，对检查中发现的问题及时反馈整改。

4. 考试工作标准化

我校是国家考试标准化考点，对承接的国家考试一定要严格按照"只有规定动作，没有自选动作"的要求，保质、保量完成工作。所以，平常校内考试就是实战模拟演练。

对校内两次月考以及期中、期末考试严格按照中考考务的组织程序和要求开展。

（七）课程优化，让课程助力育人目标的实现

基于学校顶层设计的幸福课程（启明课程、旭日课程、阳光课程、彩虹课程、云舟课程）建设的试点，学校取得了不错的育人成效，得到了家长的一致认可，体现了课程设置的科学性，课程实施的有效性。其中，"生涯规划""棒球""射艺"等课程具有一定的特色，育人效果明显。本学年度，学校将进行课程再优化，探索符合学校顶层设计的新课程，完善特色课程打造，规范课程资料整理，注重品质课程建设，让课程成为学校发展的主动力，让课程彰显品牌化办学的品质化效能。

（八）安全常抓，严抓安全工作落实，确保良好教学秩序

安全工作是一切教育教学工作的基础和前提。我校始终把安全工作作为学校的头等大事，积极开展各类安全教育活动，落实各项安全保障措施，使安全工作得到全面、深入、有效的开展。本学年度将继续完善安全制度，扎实开展安全教育主题活动，严格落实24小时巡查制度，扎实做好每天安全值班工作，定期开展违禁物品排查，每周召开安全工作会议，每月开展安全隐患排查，让师生牢记安全，用行动践行安全，创建平安校园、幸福校园。本学年度将在前期安全工作的基础上，创建适合我校的"幸福1566安全管理模式"（"1"指以师生安全为中心；"5"指五大安全教育体系：安全教育工作常规化、安全教育制度规范化、安全教育队伍全员化、安全教育内容系列化、安全教育形式多样化；第一个"6"指六大安全防范体系：校园安全责任明确化、校园安全排查常态化、校园安全档案规范化、消防设施建设标准化、体育设施管理规范化、校园"三防"建设标准化；第二个"6"指坚持做到安全工作"六个绝不"，一是安全标准绝不降低，二是不忽略任何一个细节，三是日常巡查绝不遗漏任何一个角落，四是隐患排查绝不放过任何一个苗头，五是依法处罚绝不同情任何一个人员，六是责任追究绝不容忍任何一个失误）。让体系流程化，让工作明晰化，让安全永久化，为师生幸福学习和工作保驾护航。

凝心聚力启新程，脚踏实地谱新篇。在新的学年度，我校将进一步创新工作思路，仰望星空，脚踏实地，加大教育融合和探索，扎实做好各项工作，开拓进取，实践创新，不断探索学校工作的新领域、新局面，努力将沣东一中打造成学生成长、教师发展、家长信任、社会赞誉的优质公办学校。

第四章 逐梦教育路

为了提升区域教育品质，满足沣东群众对优质教育的需求，沣东新城打造优质公办学校，让沣东新城的孩子们在家门口就能享受到优质的教育资源。

我校秉承"拥抱每个孩子，拥抱未来世界"的办学理念，注重师生的全面、可持续发展，致力培养"素养全面、特长明显、勇于创新、敢于担当"的时代新人。在先进教育理念的引领下，在各级教育主管部门的关怀和指导下，全体沣东一中人同心协力，学校实现了高质量快速发展，取得了较好的办学成效，已然成为沣东教育界的一股清流，赢得了上级部门、社会各界以及学生家长的高度赞誉。

一、幸福课程计划

为做好学校幸福课程规划，打造特色育人课程体系，实现素质教育和应试教育的完美结合，让每一位学生幸福地成长，品质得到提升，能力得到提高，学业得到发展，特制订幸福课程计划。

（一）学校基本情况

西咸新区沣东新城第一初级中学是沣东新城管委会投资建设的一所公办初级中学，学校定位为高起点、高标准、高品质的城市化、现代化名校。学校地处王寺街道，学生主要来源于周边农村城中村改造村组，学校教师主要为陕西师范大学研究生，教师专业素质较高。综合各方面情况，建校初期，学校开设幸福课程，力求具有新颖性和实用性，让家长和社会认可，能够体现学校办学理念和育人目标，能够实现素质教育和应试教育的双赢目标。让学生幸福成长，收获成功的乐趣和自信；让家长放心和满意。

（二）学校办学理念、办学目标、育人目标

办学理念：拥抱每个孩子，拥抱未来世界。

办学目标：师生幸福的百年名校。

育人目标：培养素养全面、特长明显、勇于创新、敢于担当的时代新人。

（三）幸福课程的内涵

1. 基础型课程

基础型课程以国家统编教材为核心内容，以义务教育学科标准为指导，让学生掌握基础知识、基本技能、基本思想、基本经验，促进学生基本素养的形成和发展，体现国家对公民素质的基本要求，是学校全体学生必修的课程。

2. 拓展型课程

拓展型课程主要满足学生的个性化学习需求，激发学生的兴趣爱好，开发和培育学生的潜能和特长，拓宽学生的视野，丰富学生的体验，促进学生个性的发展和学校办学特色的形成，是学校全体学生必修的课程。

3. 研究型（社团）课程

研究型（社团）课程旨在发展学生特长，培养学生自主与创新精神、研究与实践能力、合作与发展意识，全面提升学生的综合素养。让学生学习更多的课程，具有更多的学习经历和实践经验，掌握更多的才艺，获得更多的自信，让学生幸福地、快乐地成长。课程形式、任课教师、课程实施时间

和地点、学生参与人数具有较强的灵活性，是学校全体学生选修的课程。

（四）幸福课程的分类

1. 基础型课程

基础型课程设置以"创新"和"素养全面"为核心，"新"指新的教育教学理念、新的课程体系、新的教学管理、新的课堂模式、新的评价模式；素养全面指基础学科成绩显著，学科素养突出。

2. 拓展型课程

拓展型课程的设置以基础型课程为基础，拓展学科内容的广度和深度，提升学生核心素养，以培养"特长明显"的优秀学生为目标，让每个学生形成优良的品质，掌握终身受用的技能，从而更好地立足社会。拓展型课程主要包含以下几个方面的内容。

（1）学科类课程——学会学习（Learning to learn）。

语文：古诗文诵读（七年级）、演讲与口才（八年级）、阅读与写作（九年级）。

英语：口语和阅读（七、八年级）、英语专项训练（九年级）。

数学：数学思维探究（七年级）、易错题分析探究（八九年级）。

通过学科类课程，拓展学生学科知识，提升学科素养。

（2）生涯课程——学会生存（Learning to be）、学会交际（Learn to communicate）。

通过生涯课程的开设，让学生具备生存、交际的品质和能力，更好地立足生活。

开设"幸福生命课程"，旨在让学生了解日常生活中常见的危险情况，掌握相关自救方法与技能。本课程分为两部分：①学会防范危险；②学会自救。课程理论学习与实践操作、过程学习和终端评价相结合，要求人人学，人人会。例如，学生学习海姆立克急救法，必须先学习理论知识，再动手实践，最后通过智能设备进行测评，反馈成绩，要求学生完全掌握技能。

本课程为必修课，计划在七年级开设，每周1节，预计36节。课程开设要求专题学习、专题测试、专题评价、专题展示，最终颁发达标证书。

情商课程的开设，旨在让学生知礼仪、会文明用语、会微笑、会问候、会沟通、会感恩，勇于担当，为将来更好地立足社会打下良好基础。

本课程为必修课程，计划在七年级开设，每周1节，预计36节。既注重课堂学习，又注重社会实践；既有理论测评，又有过程性考核评价，使学生形成良好的个人品质，打造良好的学校交际氛围。

（3）健身课程——学会健身（Learning to fitness）

健身课程的开设为学生终身幸福成长打下了良好的身体基础。主要在国家课程开设的基础上，拓展学科内容，让所学内容更趋于日常化、游戏化，让学生掌握基本技能，为以后发展奠定基础。

（4）美育课程——学会艺术欣赏和演奏（Learn to appreciate and play art）

美育课程包含音乐和美术两个学科的拓展课程，通过课程的开设，让学生学会基本的乐理常识和绘画技能，会欣赏，会简单演奏，培养学生的审美意识和素养。

3. 研究型（社团）课程

通过研究型（社团）课程的开设，培养学生勇于创新、敢于担当的品质，让学生学习更多的课程，获得更多的学习经历和实践经验，着力培养学生的创新精神和实践能力，让学生收获更多的才艺，获得更多的自信，从而幸福成长，全面提升学生的综合素养。

（1）幸福"未来人才"课程。

开设本课程旨在开阔学生眼界、活跃学生思维。每5周邀请1位专家（不同领域）来校给全校学生做普及性讲座。讲座和互动时间共计两节课。学科讲座对学生的学业有很好的指导性，采用校外聘请或邀约行业内的家长来作报告的形式。

（2）幸福研学旅行课程。

通过幸福研学旅行课程，让学生将在校所学知识应用到社会实践中，将课内和课外知识有机整合，培养良好的行为习惯和品德修养。幸福研学旅行课程每学年开设一次，注重课中学、课外研，课后及时总结课程成果。

（3）幸福心理课程。

通过幸福心理课程，帮助学生正确认识自我，增强承受挫折、适应环境的能力，掌握学习、择业、交友等方面的基本知识和技能，提高心理素质，形成健全人格，保障学生健康、幸福地成长。

（4）幸福劳动教育课程。

劳动教育课程分为生活技能（植物栽培、馒头制作、裤装设计、生活小物改造、木工制作、家庭医疗仪器使用等）、职业体验（清洁工、建筑工、护士等）、校园生活（搭建梦想教室、校园服务体验等）、社区服务（志愿服务进社区、关爱残障儿童、给孤寡老人送温暖等）四部分，通过学生亲身体验，有效增强学生的劳动意识，提高学生的劳动技能，弘扬劳动美德。课程每学期开设四次，课前做好安全教育，课后做好反思与资料汇总。

（5）自主学习评价课程。

学生通过自主学习评价，发现学习中的困惑和难点，及时纠正，并进行总结和反思，从而有效提升学业成绩。本课程每周四下午固定时间，拟开设两节，对当周语文、数学、英语学科中的重难点问题、易错知识点进行梳理。

（6）小课题研究课程。

通过小课题研究课程，培养学生发现问题、分析问题、解决问题的意识和能力。任课教师结合学生的学习特点、兴趣爱好等开设，学生自主选择，课程开设要求有计划、有安排，定期指导学生进行研究，形成阶段性成果。拟一学期开设一次专题研究。

（7）初高中衔接课程。

开设初高中衔接课程，旨在让学生初步感受高中知识点，学会用高中相关的思想和方法来解决初中学习中的问题，提升学业成绩，为高中学习打好基础。拟定九年级开设，每两周一节。

（8）社团课程。

开设社团课程，旨在激发学生的兴趣爱好，培养学生的艺术素养。

（9）幸福家长大讲堂课程。

通过幸福家长大讲堂课程，更新家长育人理念，形成家校合力，助力学生素养的全面提升。预计每月举办1次幸福家长大讲堂课程，内容包括学校办学特色、与孩子沟通的技巧等。同时，通过家长微课堂、家长进课堂、家长考试巡考、家长义工日、家长开放日等活动，让家长了解学校，认可和支持学校工作。

七年级	科技创新社团	航模社团　Steam社团
	文化和生活社团	戏剧　国学　播音与主持　茶艺　快乐烘焙课程
	艺术社团	管乐社团　葫芦丝　尤克里里　口琴　书画社　篆刻　剪纸
	体育社团	武术　国际象棋　围棋　花样跳绳　啦啦操　羽毛球　篮球　足球
八年级	科技创新社团	航模社团　Steam社团
	文化和生活社团	戏剧　英语情景剧表演　辩论的智慧　校园小记者　心理社团
	艺术社团	管乐社团　葫芦丝　书画社　创意DIY社团
	体育社团	国际象棋　围棋　瑜伽社　太极扇　花样跳绳　篮球　足球　啦啦操

二、幸福课程成果

作为新时代的教育工作者，我们每个一中人都在践行"做有温度的教育"，全心为学生服务，全面为家长服务。

我校着重打造"三学会和三喜欢"特色德育主题教育。"三学会"，即学会微笑，拉近心灵距离；学会问候，打开沟通之门；学会感恩，构建美好人生。"三喜欢"，即喜欢老师，喜欢学校，喜欢学习。

学校立足于"人人精彩,处处美好"的办学愿景,秉承"仰望星空,脚踏实地"的校训,为实现"素养全面、特长明显、勇于创新、敢于担当的时代新人"的培养目标和"师生幸福的百年名校"的办学目标而不懈努力。

学校注重让每一位孩子都能感受到幸福成长的喜悦,收获品质的提升、能力的提高、学业的进步;让每一位老师幸福地工作,收获情怀的升华、师德的提升、专业的提高,更好地适应未来社会发展的需要,实现"人人精彩、处处美好"的办学愿景。让每个孩子幸福绽放,让每个老师幸福育人,让整个校园充满幸福阳光,根植中国,花开世界!

教育兴则国家兴,教育强则国家强。我校立足"高起点、高目标、高品质"的办学定位,致力将学生培养成为具有"四个学会"(学会做事、学会做人、学会与人相处、学会学习)品质的新时代有志青年。

学校在高质量实施国家课程的同时,结合沣东本地学生的学情和我校教师的专业特长,着力打造特色幸福课程体系,最大限度地满足学生全面发展的个性化需求,让每一位孩子在校园里幸福地学习和生活,收获成长的幸福。

探寻幸福方向
——构建幸福课程体系

第五章　幸福课程开设体系

一、校本课程类型

（一）启明课程（基础课程）

启明课程是指以国家统编教材为核心内容的基础课程，以义务教育学科标准为指导，让学生掌握基础知识、基本技能、基本思想、基本经验，促进学生基本素质的形成和发展，体现国家对公民素质的基本要求，是学校全体学生的必修课程。

（二）旭日课程（拓展课程）

旭日课程的开设以启明课程为基础，拓展学科内容的广度和深度，提升学生核心素养，以培养"特长明显"的优秀学生为目标，让每个学生形成优良的品质，掌握终身受用的技能，从而更好地立足社会，是学校全体学生的必修课程。

（三）阳光课程（社团课程）

阳光课程旨在满足学生的个性化学习需求，激发学生的兴趣爱好，开发和培育学生的潜能和特长，拓宽学生的视野，丰富学生的体验，促进学生个性的发展和学校办学特色的形成，是学校全体学生限定性的选修课程。

（四）彩虹课程（俱乐部课程）

彩虹课程计划开设以发展学生特长、培养学生技能为目标的精品俱乐部，让学生体验学习经历，收获实践经验，培养一技之长。俱乐部的开设，旨在增强学生的创新精神、研究能力和合作意识，让学生收获更多的自信，从而全面、快乐、健康地成长。彩虹课程的授课形式、任课教师、授课时间、授课地点以及学生参与人数都具有较强的灵活性，是学校全体学生非限定性的选修课程。

（五）云舟课程（德育主题课程）

云舟课程包括未来幸福人才课程、幸福研学旅行课程、幸福劳动教育课程、幸福家长大讲堂课程。幸福未来人才课程通过专家或行业内家长给学生做普及性专题讲座，使学生开阔眼界、活跃思维。幸福研学旅行课程旨在引导学生关注自然、社会、经济和生活中的问题，激发学生去探索世界。幸福劳动教育课程旨在让学生通过亲身实践，提升思维能力和实践能力，增强自信心，全面提升自身综合素养。幸福家长大讲堂课程旨在帮助家长转变教育理念，用科学方法指导学生的学习生活，促进学生幸福健康成长。

二、校本课程学时规划

序号	课程	周课时（节）	
		七年级	八年级
1	语文	7	6
2	数学	8	7
3	英语	8	7
4	英语阅读	1	1
5	英语口语	1	1
6	道德与法治	2	2
7	历史	2	2
8	地理	2	2
9	生物	2	2
10	物理		3
11	体育与健康	2	2
12	音乐	1	1

续表

序号	课程	周课时（节）	
		七年级	八年级
13	美术	1	1
14	信息技术	1	1
15	生涯课程	1	1
16	主题班会	1	1
17	周评价	2	2
18	社团课程	2	2
19	自习	1	1
周总课时（节）		45	45
学年总课时（节）		1620	1620

注：每学年教学时间40周。其中复习考试、节假日及重大活动4周，授课时间按36周计。

第六章　校本课程评价方案

学校校本课程的开设力求新颖和实用,能够体现学校办学理念和育人目标,能够实现素质教育和应试教育的双赢目标,让学生幸福成长,收获成功的乐趣,增强自信心,让家长放心和满意。为确保校本课程的合理开发、有效设置、成功实施,特制定课程评价方案,对校本课程的实施过程进行规范评价、科学指导。

一、评价原则

1. 客观性原则

客观评价,即评价方式、对待评价对象的态度等要客观,不可带有评价者个人的主观思想和情绪,应切实围绕评价要素进行,保证评价的信度和效度。

2. 校本性原则

研发设置校本课程应该从学校的实际情况出发,考虑学校周边的环境条件,学校的硬件设施和教学辅助资源,学校的办学理念和目标等。课题组只有在研发前研究分析以上内容,才能准确定位,正确决定我校校本课程的研发方向。起点的研讨非常重要,只有经过学校、专家、教师以及学生的共同思考和讨论分析,校本课程的设置才有针对性。

3. 综合性原则

课程内容具有综合性,是指课程内容既具有具体学科的专项知识,还包含其他多门学科的综合性内容。一项实践研究结果显示:一种学习对另一种学习有着不同程度的影响,这就是学习过程中所产生的学习迁移现象。在日常教学中,教师经常指导学生将所学内容举一反三,同类变换,触类旁通,就是期望学生运用综合性的学习经验去解决新的学习问题。因此,我们在进行课程设置时，要考虑让课程内容更加具有综合性，既要包含多学科交叉融合的综合知识，还要不局限于知识内容的学习，多考虑如何全方位提升学生的技能、丰富学生的学习经历等方面，让学生通过校本课程的学习得到提升，有所成长。

4. **发展性原则**

研发校本课程，旨在鼓励学生去积极探索，教会学生思考、研究，指导学生大胆探究、自主研究，这样才能创造性地培养学生。如果课程内容是固化的，是侧重讲述性的，那么鲜活的知识将变成物化的文本，没有活动性，没有生命力，对它的学习会遏制学生的创造性思维，会约束学生的实践动手能力，那么这样的校本课程是失败的，是不符合课程设置理念的。所以，在编制时应侧重活动设计、实践设计、动手设计，鼓励学生通过亲身参与，培养自身的研究能力和探索能力。

5. **创新性原则**

校本课程的研发是现代教育理念推动下的一种创新教育形式。它的存在标志着创新才是生命力，改革才是不变的教育主题。课程活动等内容形式应该是创新的，但要注重创新活动的成效。通过一系列的创新活动，促进学生在学习知识的同时，能够通过自主探索、加工与整合，收获新的体验，得到创新的知识和技能。另外，应为学生营造一个科学的、民主的、自由的学习氛围和环境，能让学生自由地与同学和老师交流讨论，能自主创新学习。

6. **主体性原则**

校本课程的教学设计必须注重学生在课堂教学过程中的主体地位，体现"以人为本""民主平等""管理即教育"的教育理念。

二、评价内容

1. **课程设计评价**

课程设计评价包括课程开设的目标、意义，教学内容，以及开设课程的必要性和现实可行性，课程纲要是否体现科学性、整体性、适用性、拓展性等，课程设置是否与本校学情和学生的教育背景契合。

2. **课程实施评价**

对课程实施过程进行评价，是评价一门课程开设效果的最好途径。应重点评价教师的课程知识储备、教学目标设计、教学重难点把控、教学方法选用、教学过程安排、教学活动组织、教学秩序管理、随堂检测设计、板书作业设计等内容；另外，还需评价学生的课堂参与程度、学习成效、学生学习状态等内容。收集评价信息的方法有专家听课评课、任课教师汇报教学情况、对学生进行问卷调查、学生展演或作品展示等。

3. 实施效果评价

主要通过征询专家意见、同行教师的评价和收集学生问卷调查等途径评价课程是否达到了目标，还存在哪些问题，如何改进，以及制订下一步的计划等。

三、评价方法

课程评价应多方面、多角度、多渠道综合进行，这样获得的评价信息才客观有效。

首先，应扩展评价者的多样化身份，可以是同行评价、学生评价、教师自评、专家评价、家长评价、社会评价等。

其次，注重学生自评和组内互评。在关注学习结果的同时，注重课程实施过程中学生的体验、收获、感悟、反思、展示等活动的全过程的评价。由课题组组织学生调研，通过访谈、问卷等形式，了解学生在课程活动中的表现，以及课程实施对学生的知识储备、核心素养提升、技能方法掌握的影响。

四、评价标准

校本课程评价标准采用量化评分的形式，形成等级得分，以测量校本课程的质量水平。

A级课程（85分以上）：
课程计划评价优秀；
课程过程评价优秀；
课程成效评价优秀。
B级课程（71~84分）：
课程计划评价良好；
课程过程评价良好；

课程成效评价良好。

C级课程（60~70分）：

课程计划评价合格；

课程过程评价合格；

课程成效评价合格。

学校课程研发中心按照校本课程管理规定以及评价办法，对每门课程进行课程计划、课程过程及课程成效三项量化评价，确定课程等级。

第七章 幸福课程开设计划
——以学校生物种植课程为例

一、开设背景

（一）开设缘由及开设意义

《关于深化教育教学改革全面提高义务教育质量的意见》（以下简称《意见》）是中共中央、国务院印发的聚焦义务教育阶段教育教学改革的重要文件，是新时代我国深化教育教学改革、全面提高义务教育质量的纲领性文件。《意见》强调，要培养德智体美劳全面发展的社会主义建设者和接班人；坚持"五育并举"，全面发展素质教育。我校生物种植课程的开设充分体现了"五育并举"这一宗旨。

本课程以植物种植为内容，以文化探秘为主线，结合学生实际，挖掘植物的文化内涵，符合国家提出的学生发展应该具备"人文底蕴、科学精神、实践创新"的要求。通过了解植物起源和所蕴含的文化内涵，发展学生的人文底蕴，即"德育"；植物的种植、养护体现实践能力，即"体育"；通过制作植物手工皂，并对其形态、包装进行设计，体现创新精神，即"美育"；通过生物探究活动，发展学生的科学素养，即"智育"。同时，本课程以初中生物学为依托建立，反过来巩固学生课内所学的生物学知识，提高实际操作技能，培养学生学习生物学的兴趣，全面提升学生的生物科学素养。

（二）课程选取原则

初中学生对未知的事物充满了好奇心，喜欢探索未知的事物，因此，社团课程的设置应兼顾生活性和科学性。首先，培养学生对植物的探究兴趣，学生能够在教师的引导下，提出一些有价值的问题，且能清楚表述所发现的问题，能够辨识植物以及植物的分类及用途；进一步引导学生，能通过对周围与植物有关的人、事、物的观察，自主提出具有研究价值的问题，并且能够设计和美化具有特色的植物种植园地。

二、课程目标

（一）知识与技能

（1）学习植物的不同繁殖与培育技术，体验种植的乐趣，学生通过自己动手参与植物的种植过程，学习种植的方法以及植物养护的方法。

（2）初步学习植物识别和分类的常用方法。

（二）过程与方法

（1）初步掌握设计实验的基本流程、方法，以及实验的基本原则，通过植物种植过程中的具体实验探究活动，学习并体验实验设计的基本原则、科学探究的一般过程等。

（2）初步掌握实验报告、论文等的基本写作格式、方法等。

（3）初步尝试简单的手工制作活动，增强学生的学习兴趣以及培养学生的动手操作能力。

（三）情感态度和价值观

（1）通过植物种植的具体实施过程以及制作过程，培养学生学会学习、健康生活。

（2）通过小组团队合作，培养学生团队合作精神；通过具体的实践活动，培养学生的创新意识。

三、教学内容

1. "我的教室"（活动）

活动一：认识植物；活动二：设计教室；活动三：植物的种植。

2. "手工皂"（活动）

活动一：认识手工皂；活动二：制作手工皂；活动三：产品使用调查。

3．校园植物名录（活动）

活动一：校园植物调查；活动二：植物分类；活动三：制作"植物二维码"。

4．制作驱蚊膏（活动）

活动一：探寻植物中的驱蚊能手；活动二：制作驱蚊膏。

5．"家庭香草坊"（活动）

活动一：认识家庭园艺；活动二：设计"家庭香草坊"；活动三：布置"家庭香草坊"；活动四：探究植物的生长习性。

6．护手霜制作

活动一：认识护手霜；活动二：需求调研；活动三：制作护手霜；活动四：产品反馈。

7．种植园

活动一：认识"园艺疗法"；活动二：用植物装扮教室，让每一个教室都有属于自己的文化；活动三：探究影响植物生长的因素。

8．植物与饮食

活动一：了解香料的发展及其在饮食中的应用；活动二：探寻生活中的"美食"；活动三：制作美食。

9．植物与染色

活动一：追溯起源；活动二：设计"花草茶染色"实验方案；活动三：花草茶染色——实验探究。

10．植物文学探究

活动一：植物札记；活动二：植物文学研究报告。

四、教学进度

教学进度计划表		
节次	教学内容	备注
第1节	认识植物并用其装扮教室	
第2节	植物的种植	
第3节	认识手工皂并制作手工皂	

续表

第4节	产品使用调查	
第5节	校园植物普查及植物分类，制作"植物二维码"	
第6节	探寻植物中的驱蚊能手	
第7节	制作驱蚊膏	
第8节	认识家庭园艺并设计"家庭香草坊"	
第9节	布置"家庭香草坊"并探究植物的生长习性	
第10节	认识护手霜并进行需求调研	
第11节	制作护手霜	
第12节	产品反馈	
第13节	认识"园艺疗法"，用植物装扮教室	
第14节	探究影响植物生长的因素	
第15节	了解香料的发展及其在饮食中的应用	
第16节	探寻生活中的"美食"	
第17节	制作美食	
第18节	追溯起源，并设计"花草茶染色"实验方案	
第19节	花草茶染色——实验探究	
第20节	植物札记及植物文学研究报告	

五、课程实施

（一）学情

七年级学生自主意识、自我控制能力、团队意识逐渐增强，逐渐形成自觉负责的态度，开始意识到学习是一种义务，并且有较强的学习动机。

（二）授课时间、地点

时间：每周五社团课；地点：生物实验室。

（三）设施设备

一块小苗圃（校内）、植物栽培工具（肥料、营养土、营养液、小铲子、花盆、水培玻璃瓶、微景观生态瓶等）、植物种子、植物盆栽、手工皂制作工具（皂基、基础油、香精、香油、模具、烧杯、玻璃棒等）、蒸馏装置等。

（四）课程资源

（1）建立课程资源库，充分调研校内外各项学习资源库，帮助教师建立课程资源中心，使得各项探究活动顺利开展。

（2）建立校内探究活动区，学校积极建设配合课程实施的学生学习实践区，建设"植物种植创新实验室""植物种植体验屋""师生种植园""校园植物地图墙""艺术墙""绿植走廊""宣传长廊"等区域，供学生选择学习，自主探究。

六、课程评价

1. 对学生的评价

对学生的课程评价以小组为单位，采取小组自评、小组互评以及教师评价相结合的方式进行。

（1）过程性评价。

实施过程性评价，在关注结果的同时，更加注重课程在实施过程中的体验、收获、感悟、反思、展示等活动的全过程的评价；该课程的评价根据"学习单""评价单""问卷调查"等进行记录；观察学生在学习方法、情感、态度、核心素养等方面的变化。

（2）激励性评价。

激励性评价是指着眼于学生的成长与发展，激发学生的学习兴趣和求知欲，激励学生进步，肯定学生的点滴进步。

（3）多元化评价。

本课程综合性较强，其评价方式也是多元化的。参与评价的可以是社区人员、家长、教师、学生等，学生既是参与课程的评价对象也是评价的主要人员。让评价过程成为学生挖掘自我、反思自我、欣赏他人的过程。

2. 对教师的评价

（1）评价内容。

课程理念、课程参与、课程开发、课程实施、课程成效。

（2）评价方式。

每学期组织测评，包括自评与互评。

主要包括专家组评审、过程性资料（学生探究报告、作品等），以及学生、家长访谈等部分，对教师工作进行客观公正的评价。

3. 对课程的评价

由课程教学部组织学生调研，通过访谈、问卷等形式，了解学生在课程活动中的表现、情感状态、知识能力的发展状态等，帮助学生形成反思能力，激发学生参与校本课程学习的积极性，为教师改进教学提供依据。

总之，在课程评价方面，根据具体的情境，采用各种不同的评价方法与策略，将评价贯穿探究课程的全过程，使评价不断发挥激励和导向作用，真正成为促进师生共同提升的手段。

七、预期教学成果

（一）培养方向

实施"植物"校本课程，不仅能够多维度、多角度、多学科地促进学生的发展，还可以培养学生的团队精神及对艺术的敏感性，学会思考、善于思考，培养学生的多项技能。

（二）学生收获

"植物"课程的上课形式丰富，能够满足学生的学习兴趣，同时，课程简单易学、上手快，学生在课堂上一起完成一个学习项目，团队合作意识、创新能力、问题解决能力不断增强。

生物种植课程教案		
课程题目	认识芳香植物	
课程内容	芳香植物这个名字听起来是否有些陌生?其实,我们经常在日常生活中见到它们,如葱、蒜、洋葱、薄荷,花店里常见的玫瑰、满天星等,它们都是芳香植物家族中的一员。芳香植物约有3600多种,是植物界中一个特别的家族。	
学情	学生在生活中见过、吃过、用过许多的芳香植物,对芳香植物比较熟悉,有利于本节知识的学习	
预期教学成果	1．知道什么是芳香植物 2．概述芳香植物的生长条件 3．了解芳香植物的作用	
课时计划	2	
教学方法	讲授法、实践法	
教学媒介	多媒体	
教学过程		二次备课
1．组建团队 团队合作能激发团队成员的积极性,使其得到锻炼,集体协作的成果往往比成员个人单独进行获得的成果丰富。 （1）了解班内同学的个性和特长,将有组队意向的同学的名字记录下来（一定要注意每个组员的特长,保持平衡）。 （2）自由分组。 （3）为自己的团队起个响亮的名字,并设计队徽。 2．接受任务 本活动的主要任务是认识芳香植物,通过小组合作,最终形成一张关于芳香植物的思维导图,并在班内交流。 （1）从"什么是芳香植物""芳香植物有哪些用途""芳香植物的生长条件"中任选一个,查找资料,认识芳香植物。 （2）将小组的学习成果绘制成一张思维导图。 （3）将小组学习成果在班内交流分享。 3．分配任务 根据每个成员的特长,通过团队讨论,合理地分配任务。		

续表

4. 执行任务 （1）了解什么是芳香植物。 日常生活中，你一定见过很多芳香植物，如洋葱、玫瑰、柑橘等，那么，到底什么是芳香植物呢？请通过多种途径搜集关于芳香植物的资料。 （提示：查找到的资料一定要及时记录、整理） （2）芳香植物的生长条件。 芳香植物的生长条件有哪些？利用多种途径了解芳香植物的生长环境。 （3）芳香植物的用途。 从芳香植物中提取的有效成分被调配成香精和其他赋香原料，可以被用在各种地方。 （4）绘制思维导图。 （5）交流分享。	
活动小结 通过本活动，同学们对芳香植物有了初步的了解，这是开展后续活动的基础。思维导图是一种思维脉络的梳理工具，可以应用于日常学习。 活动评价 评价自己或同伴在认识芳香植物活动中的表现。	
板书设计	二次备课
1．芳香植物的种类 2．芳香植物的生活环境 3．芳香植物的应用	
作业布置	
课后了解一种芳香植物，并与同伴交流。	

第八章　校本课程教师研修

一、前期工作总结

1. 课程开设计划

良好的开端是成功的一半。想要开设一门课程，需要从多个方面进行考量，做好充分的准备，制订翔实的计划。第一步，通过收集、查阅资料，对"生物种植"这门课程进行学习和深入研究，确定此课程的课程目标，包括知识与技能、过程与方法、情感态度与价值观三维目标，用目标指导教学。第二步，根据教学目标以及初中生的身心发展水平和学习能力，选取相应的教学内容，包括十个单元，分别是"我的教室""手工皂""校园植物名录""驱蚊膏""家庭'香草坊'""护手霜的制作""种植园""植物与饮食""植物与染色""植物中的文学"。第三步，根据相应的教学内容，结合学校的教学计划，安排教学进度。第四步，课程实施前的准备工作，包括了解学情、选取授课地点、考察设施设备、开发更多的课程资源等。第五步，制定详细可行的课程评价方案，对学生、教师、课程进行全面的评价，确定预期教学成果。

2. 课程评价方案

课程评价是对课程的再审视和完善，本课程的评价主要包括三个方面，即对学生的评价、对教师的评价和对课程的评价。对学生的课程评价方式是以小组为单位，按照小组自评、小组间互评以及教师评价三者相结合的方式进行。对教师的评价包括课程理念、课程参与、课程开发、课程实施、课程成效的评价。对课程的评价主要由课程教学部组织学生调研，通过访谈、问卷等形式，了解学生在课程活动中的表现、情感状态以及知识能力的发展状态等，帮助学生形成反思能力，增强学生参与校本课程学习的积极性，也为教师自身进行教学改进提供依据。

二、前期工作经验

1. 深入学习理论知识，不断提高研究水平，指导实践应用

只有具备了丰富的理论知识，实践才具有针对性。课题研究是一次学习理论知识的机会，只有积极参加课题组的集中学习，钻研理论知识，学习关于植物的专业知识、教育教学基础知识、课题研究方法策略等，才能不断提高自身理论水平和实践能力。

2. 不断实践，在实践中发现问题，完善课题研究

课题研究是一个长期实践的过程，必须付诸行动。课题研究期间，听课、评课、交流等多种形式的学习活动都能有效提高授课能力。另外，还要关注学生的学习反馈，为此门课程的建设积累第一手资料，为课题研究提供有力的支撑。

3. 用心进行课题研究，总结研究成果

根据课题组制订的研究计划，学习并深入研究此课程，既要听取课题组其他成员的意见，不断加深自己对课程的理解；又要用心学习其他成员的课题研究方法，博采众长，不断提高自己的研究能力。

4. 及时总结，认真做好资料的收集和整理工作

课题研究是一项长期的工作，需要不断积累经验，不断思考，及时总结，认真做好资料的收集和整理工作，才能发现问题、解决问题。

第九章　校本课程研发与实践策略

校本课程开发进入课程研究领域始于20世纪六七十年代的西方发达国家，几十年来，校本课程在美国、英国等国家的发展为我国提供了可借鉴的经验。当人们认识到国家课程具有自身无法克服的缺陷时，尝试从其外部寻求一种课程开发方式来弥补其不足。2001年，我国三级课程管理政策出台，随着新课程改革的不断开展，校本课程开发深入全国各中小学校。开发校本课程已成为我国基础教育发展的一个亮点。特色课程的开发让不同潜质的学生获得充分的发展，让教师的自身价值获得最大的提升，学校的办学特色逐渐彰显。

为做好学校校本课程规划，打造特色育人课程体系，实现素质教育和应试教育的完美结合，让每一位学生幸福地成长，品质得到提升，能力得到提高，学业得到发展，我校特开设特色化校本课程，在研发与实践探索中不断更新，收到了良好的教学效果。

一、校本课程研发的意义

什么是校本课程？校本课程是指学校本位课程，它的编撰既要遵从国家教育标准，又要满足地方发展的需要，体现地方特色，还要结合学校所在地的环境条件、风土人情，以及教师自身的特点和学生的实际情况。在此基础上进行多方考量，有针对性地编撰校本课程，并进行课程实施和课程评价。

为什么要研发创设校本课程？因为校本课程可以弥补国家课程的不足，特色化课程、个性化课程、实践性课程的开设，让学生有机会开阔眼界、动手参与，切实提升核心素养。同时，校本课程的实施对教师也起到了一定的促进作用，教师要不断学习新的理念、新的技能、新的方法，无形中对教师提出了新的要求。

二、校本课程的研发过程

1. 提出研究设想

建校初期,我们就一直思考:这所学校的创办理念是什么?要培养什么样的学生?培养学生,尤其是培养具有核心素养的学生,学校的课程结构和形态要进行调整和完善,要构建不同的课程内容和教育组织模式,发展学生的思维,拓宽学生的视野,培养学生的综合素养和能力。因此,校本课程的研发被提上了日程。国家课程是由国家教育行政部门负责编制、实施和评价的课程,国家课程的主导价值在于通过课程体现国家的教育意志,确保所有国民的共同基本素质。国家课程具有权威性、多样性、强制性,但从某些方面来说,个性和差异性体现不足。这也为我们研发校本课程指明了方向。

2. 跟岗学习

通过专项跟岗学习,学校课题组看到了新的方向,丰富多彩的课程设置以学生为主体,注重教学活动的设计,注重学生思维的锻炼。通过校本课程,学生变得多才多艺,学习积极性高,学习兴趣浓厚,这也激发了教师的教学热情,激励教师不断学习新的理念和专业知识。

3. 建立校本课程开设体系

学校以培养素养全面、特长明显、勇于创新、敢于担当的学生为培养目标,设置了五类课程,具体如下:

第一类为基础课程,名为"启明课程"。启明课程是指以国家统编教材为核心内容的基础课程,以义务教育学科标准为指导,让学生掌握基础知识、基本技能、基本思想、基本经验,促进学生基本素质的形成和发展,体现国家对公民素质的基本要求,是全体学生的必修课程。

第二类为拓展课程,名为"旭日课程"。旭日课程的开设以启明课程为基础,拓展学科内容的广度和深度,提升学生核心素养,以培养"特长明显"的优秀学生为目标,让每个学生掌握终身受用的技能和品质,从而更好地立足社会,是全体学生的必修课程。

第三类为社团课程,名为"阳光课程"。阳光课程计划开设多种类型的学生社团,主要满足学生的个性化学习需求,激发学生的兴趣爱好,开发和培育学生的潜能和特长,丰富学生的体验,拓宽学生的视野,促进学生个性的发展和学校办学特色的形成，是全体学生限定性的选修课程。

第四类为俱乐部课程，名为"彩虹课程"。彩虹课程计划开设以发展学生特长、培养学生技能为目标的精品俱乐部，让学生积累实践经验，培养一技之长。俱乐部的开设，旨在增强学生的创新精神和合作意识，提升学生的研究能力，让学生变得更加自信，全面地、快乐地、健康地成长。彩虹课程的授课形式，任课教师，授课时间、地点，以及学生参与人数都有较强的灵活性，是全体学生非限定性的选修课程。

第五类为德育课程，名为"云舟课程"。幸福未来人才课程通过专家或行业内家长给学生做普及性专题讲座，拓宽学生眼界，活跃学生思维，对学生的学业学习有很好的指导性。幸福研学旅行课程旨在引导学生关注自然、社会、经济和生活中的问题，激发学生去探索世界。幸福劳动教育课程通过亲身实践，让学生增强实践能力，全面提升自身综合素养。幸福家长大讲堂课程旨在帮助家长转变教育理念，用科学的方法指导学生学习生活，让学校与家长共同促进学生幸福健康地成长。

4. 建立校本课程评价方案

课程评价是课程管理非常重要的一个环节，是权衡教育目标设置与达成、提高教学质量的重要因素。评价方案宏观层面是指学校对全校开设的所有校本课程进行效果评价的方案指标，微观层面是指每门校本课程的授课教师对学生状况、学习效果、活动开展等方面进行效果评价的方案指标。因此，学校和授课教师从自身角色出发，各自设置不同层面的评价方案，再据此来进行教学设计，开展相关活动，并对校本课程的实施成效进行不同层面的评价。通过评价结果，及时了解校本课程在开设过程中的成功与不足，及时发现问题，并改正，及时吸取经验，不断积累，为后续校本课程的进一步深化打好基础。

5. 规划课程活动场地

很多校本课程设计对场地有很大的要求，比如生物种植课程，要求开辟种植场所，并对种植场所的土壤、温度、湿度等进行处理，还要准备种植物品。为了切实开展特色活动，学校对校本课程的开设科目进行了详细的规划，细致了解每门课程的开设场地、活动物品、活动经费等，交由后勤保障中心负责，提前规划，合理安排，切实保障每门课程能够顺利实施。

6. 实施校本课程

从时间方面给予校本课程一定的保障，于每周固定时间授课。

序号	课程	周课时	
		七年级	八年级
1	阅读	1	1
2	口语	1	1
3	生涯课程	1	1
4	主题班会	1	1
5	周评价	2	2

学校对授课教师定期进行教案检查，检查教师是否认真备课，课程教授内容是否符合预期要求，教具资源的准备是否符合要求。除此之外，定期进行课堂教学观察，观察课堂教学情况，观察学生的课堂参与度，观察教师的授课状态，观察是否符合校本课程的开设要求。要求学生按时参加校本课程，不可旷课，不可随意走班，课堂中积极参加教学活动。课题组定期对校本课程的开设进行跟踪观察，收集实践研究的第一手资料。

7. 校本课程评测

校本课程实施一学年，学生们学有所成，学校组织授课教师对校本课程的教学情况进行测评考核。因课程内容差异较大，故不统一要求评测方式，授课教师可根据课程的内容特色选择适合的评测方式。比如针对英语口语校本课程side by side设计英语口语配音大赛，通过口语配音的方式评测学生学习成效，调动学生学习的积极性。生物种植校本课程进行了芳香植物模型制作的评测，锻炼学生的动手实践能力。我校还进行了几次大型展演活动，如元旦文艺展演活动、艺术节社团展演活动等，通过这些活动，激发教师的教学积极性，增强学生的学习兴趣，促使我校校本课程进一步规范发展。

三、校本课程研发与实践策略

1. 校本课程应体现学校特点

研发设置校本课程应该从学校的实际情况出发，考虑学校周边的环境条件、学校的硬件设施和教学辅助资源，以及学校的办学理念，课题组只有研究清楚以上内容，才能准确定位。

2. 课程内容应具有综合性

课程内容具有综合性是指，课程内容既具有具体学科的专项知识，还包含其他多门学科的综合性内容。一项实践研究结果显示：一种学习对另一种学习有着不同程度的影响，这就是学习过程中所产生的学习迁移现象。在日常教学中，教师经常指导学生举一反三，同类变换，触类旁通，不正是期望学生运用综合性的学习经验去解决新的学习问题吗？因此，我们在设置课程时，要考虑让课程内容具有综合性，包含多学科交叉融合的综合知识，还要不局限于知识内容的学习，更多地考虑如何全方位提升学生的技能，丰富其学习经验，要让学生通过校本课程的学习，从不同方面得到提升。

3. 课程内容应侧重培养学生研究探索的能力

校本课程的研发，不应只是限制学生去学习，而应鼓励学生去积极探索，教会学生思考和研究，指导学生大胆探究，这样才会创造性地培养学生。如果课程内容是固化的，是侧重讲述性的，那么鲜活的知识将变成物化的文本，没有生命力，会遏制学生创造性思维的发展，会约束学生的实践动手能力，那么这样的校本课程是失败的，是不符合课程设置理念的。所以，在编制时应侧重活动设计、实践设计、动手设计，鼓励学生通过参与培养自身的研究能力和探索能力。

4. 课程内容注重创新性

校本课程的研发本身就是现代教育理念推动下的一种创新教育形式。它的存在标志着创新才是生命力，改革才是不变的教育主题。课程活动等内容的形式应该是创新的，但要注重创新活动的成效。通过一系列的创新活动，促进学生在学习知识时，能够通过自主地探索、加工与整合，最终收获新的体验，得到创新的知识和技能。另外，应为学生营造科学的、民主的、自由的学习氛围，让学生自由地、自主地创新学习。

5. 校本课程可利用文化资源

每个地方都有自己的文化资源，比如西安是十三朝文明古都，有着丰富的朝代文化。在设置校本课程时，可以挖掘西安的朝代文化，开设一门有关西安历史的校本课程，这门课程既具有地域色彩，又具有创新性和个性化。

6. 校本课程应融合社会资源

学生接触社会、接触其他人群的机会有限，很多学生过度关注课本教材，缺少生活体验。可通过校本课程，让学生走出校门，接触社会。比如，带领学生进入周边社区，为美化社区环境尽一份力，为孤寡老人献一份情；还可以带领学生去红色教育基地参观学习，感受当今美好生活的来之不易，学习革命先烈无私奉献、不惧艰险的精神；也可带领学生到周边的大学、研究所、生产基地参观学习，感受研究者严谨的工作态度；还可邀请不同领域的专家来校进行职业专题讲座，让学生了解不同职业的特点，能够更好地规划自己的职业方向。

7. 校本课程应注重家校共育

学生的成长离不开家庭、学校和社会三方的教育和培养，学校承担着学生教育的重要使命，如何规划学生的培养目标和发展方向是我们应该思考的问题。同时，家庭教育也非常重要，如果学校在教育教学过程中，能够和家长携手，共同努力，那么一定事半功倍。在校本课程的开设方面，我们可以在前期准备完善的情况下，邀请家长走进校园，更多地了解学校的教学模式、教育理念、学情，比如通过设置家长开放日、定期召开家长会、开展家长讲座等形式，让家长更多地了解学校，与学校和老师更好地沟通交流，实现家校共育。

四、校本课程的研发成效

通过为期一年的校本课程的研发与实践，每一位师生受益匪浅，校本课程的开设效果整体来说非常不错，受到了学生和家长的一致好评，为学校树立了良好的口碑。

1. 强塑学生核心素养

通过知识学习、活动实践、动手实践、外出参观、职业体验、讲座培训等学习形式，学生的眼界开阔了，科学意识、团队意识、合作意识增强了，激发了学生对生命的尊重、对生活的热爱，多角度、全方位地培养了学生的核心素养。

2. 促进教师技能提升

校本课程最终的实施者是教师，课程理念能否体现、学生素养培养能否实现全靠教师，教师就是校本课程的掌舵者。通过校本课程的开设，我校教师不断更新教育理念，不断进行专项学习和培训；积极思考，及时总结，灵活调控，大胆探索，做好课程积累；积极与同行专家沟通交流，正确面对在实际工作中遇到的问题，自身综合素养得到全面提高。

3. 树立学校良好口碑

我校每日都会通过学校的微信公众号发布学校的教育动态，社会关注度较高，其中，校本课程备受关注，已经成为学校的一张名片。这是我校成功实施教育教学改革的一大亮点项目，我们一定会继续努力，越做越好，越做越规范。

校本教研是学校的一项重要工作，包括校本研究、校本管理、校本培训、校本课程等多项教学研究活动。学校的教学研究活动应与教学实践活动密切结合，大力倡导我校教师参与校本教研工作，进行校本课程的研发与实践研究。

实现幸福路径

——打造优质幸福课堂

第十章　幸福课堂教学设计

新课程标准明确指出：教育要坚持反映时代要求，反映先进的教育思想和理念，关注学生个性化、多样化的学习和发展需求，促进人才培养模式的转变，着力发展学生的核心素养。帮助学生获得进一步学习以及未来发展所必需的基础知识、基本技能、基本思想、基本活动经验（简称"四基"）；提高发现问题、提出问题、分析问题、解决问题的能力（简称"四能"），提升学生的素养（抽象、逻辑推理、建模、直观想象、运算和数据分析），引导学生会用眼光观察世界，会用思维思考世界，会用语言表达世界；促进学生思维能力、实践能力和创新意识的发展，增强社会责任感；形成正确的"三观"。

课堂是以学生发展为本，落实立德树人，提升学科核心素养的主阵地。课堂育人成效主要取决于教学设计的科学性、有效性，以及是否与时俱进。因此，教学设计要符合时代特征，注重学生核心素养的培养，让教学设计助力课堂育人效果的实现。

下面将从什么是师生幸福的教学设计，如何做好教学设计，教学设计的评价标准以及教学设计和教案的区别和联系等方面进行说明，让教师更好地教书育人。

一、"师生幸福的教学设计"的内涵

师生幸福的教学设计是指教师以现代教学理论为基础，结合当前教育发展趋势，依据教学对象的特点和教师自己的教学观念、经验、风格，运用系统的观点与方法，分析教学中的问题和需要，确定教学目标，建立解决问题的步骤，合理组合和安排各种教学要素，为优化教学效果而制定实施方案的系统的计划过程。

二、聚焦核心素养，优化教学设计

师生幸福的教学设计应该遵循以学生终身发展为本的原则，以提升学生学科素养为目标。聚焦学科素养，合理规划教学环节，优化教学设计，让学生通过课堂学习，掌握必要的基础知识、基本技能、基本思想，提高学生发现问题、提出问题、分析问题、解决问题的能力，增强创新意识，促进学生学科核心素养逐步形成。以聚焦核心素养为导向的教学设计是一个综合系统的工程，必须关注教学系统中十个关键点。

关键点一：学情分析

学情是确定教学目标、教学重难点、教学过程与方法、作业设计的重要依据。学情分析是指对"学习对象"或"学习者"的综合分析。教学设计要以学生终身发展为本，充分体现学生是课堂的主人，只有充分了解学生、吃透学情，教学才能有的放矢，才能实现以"学"定教，精准施教。学情分析一般可以从学生身心特征、知识储备、生活经验三方面入手。第一是学生的身心特征分析。学生处于不同的年龄阶段，成长环境不同，其身心特征也不同，学生对学习的认知、学习的态度、问题的思考、课堂的参与度等都直接影响教学效果，所以，教师要准确把握学生的心理特征，采取有效的教学方法，让学生主动参与、积极思考、乐于学习。第二是知识储备分析。学习是一个循序渐进的过程，教师授课前，一定要了解学生已经掌握哪些知识和技能，有效地进行教学设计，实现教学目标。通常，教师可以通过教学观察（听其言、观其行、察其颜、聊其心）、作业批改、问卷调查等途径了解学生知识储备情况。第三是生活经验分析。学生的生活经验是学生发现问题、提出问题、分析问题、解决问题的基础，是选择教学方式和教学方法，进行教学评价的关键。教师根据学生身心发展特征和知识储备，有效地将学习内容和学生生活经验结合起来，让生活学习化，让学习生活化，让学习变得有趣且更加有意义。

关键点二：教材分析

教材分析是备好课、上好课的关键，能解决学生学什么、教师教什么的问题。一般来说，教材分析包括三方面：教学内容分析、学科分析、教育分析。第一是教学内容分析，即要解释清楚本节课的学习内容属于哪一个教材版本，是第几册第几章第几节第几课时的内容，其在整个学段的地位，承上启下的作用是如何体现的等，为学习新知识打下基础。第二是学科分析，主要分析通过本节课的学习，学生在知识、能力方面可以获得哪些提升，其学习态度和状态是否可以得到改善。第三是教育分析，主要分析通过本章、本节课的学习，学生的抽象思维、逻辑推理、想象力、分析能力等是否得到发展，对学生的成长有哪些方面的促进。

教师只有认真研读课标，精心钻研教材，才能明确教学目标、教学重点和难点，优化教学流程，科学评价，真正实现课程育人。

关键点三：设计思想

教育为学生终身发展奠基，教师要帮助学生掌握基本的知识和技能，让学生学会学习；要引导学生用学科的眼光观察现实世界、以学科的思维思考现实世界、以学科的语言表达现实世界，让学生学会生活；要促进学生思维能力、实践能力和创新意识的发展，使其增强社会责任感，让学生学会创新和担当，更好地立足社会。

教学设计要重视情境教学，采用启发式、互动式、探究式教学方法，开展研究型、项目化、合作式学习，引导学生主动思考、积极提问、自主探究。

关键点四：教学目标

教学目标是教学设计的灵魂，是课堂教学的出发点和落脚点，是课堂教学的主线，是课堂教学的方向。教学目标具有"定教""定学""定评"的作用，它决定了课堂上学生应该学什么，学生学到了什么，学的效果如何；决定了教师应该教什么，如何教。教学目标直接影响教学效果和育人效果。教学目标的制定要以学生素养为导向，必须要考虑以下三个关键因素。

1. 明确教学目标的内容

确定教学目标的内容，要明确本节课学生要掌握哪些知识与技能，明确教学过程与方法，明确要培养学生怎样的情感态度与价值观，形成哪些学科核心素养。

2. 教学目标要体现"四基"和"四能"

教学目标的设计要体现"四基"（基础知识、基本技能、基本思想、基本活动经验）和"四能"（发现问题的能力、提出问题的能力、分析问题的能力、解决问题的能力），提升学生的学科素养。

3. 教学目标要具有可检测性和评价性

教学目标要具有可检测性和评价性，让学生自主梳理、总结本节课学习的知识、掌握的技能、产生的思考等，采取多种形式有效检测教学目标的完成度。

关键点五：教学重点与难点

教学重点和难点是评价教师教学效果、衡量教学目标是否实现的重要依据。要想突破教学重点和难点，就要回答好三个问题：什么是教学重难点？突破教学重难点的关键因素是什么？教学重难点是否有效突破的评价依据是什么？

1. 什么是教学的重点和难点？

教学重点，即教学内容的关键点，是依据课标要求，结合教材内容分析、确定的最关键的教学内容，一般为体现"四基"、突出"四能"的教学内容，包括关键性的概念、定理、公式、方法等。

教学难点，即学生学习的难点，是指学生较难理解和掌握的知识、技能、方法等。教学难点对于学生的学习自信心、对学习新知的连续性影响非常大，所以，教学中要尽可能帮助学生突破难点，激发学生的学习兴趣，让学生收获成功的喜悦。

2. 突破教学重难点的关键因素是什么？

要想突破教学重难点，要做好以下几点。

（1）精研课标，熟悉教材。

教师要精心研读课标，熟悉、理解、灵活运用教材，明确教学重难点。

（2）研究学情，明确策略。

教师要用心研究学情，准确定位学情。了解学生的知识储备、学习能力、学习态度、学习习惯等影响学习效果的主观因素，有针对性地根据学情，以问题驱动为主线，将问题情景化，将抽象具象化，最大化地实现教学效益。

（3）优化流程，明晰教法。

通过明确教学目标、教学重难点，把握学情，合理规划课堂教学流程，坚持目标导向和评价导向，教学重点以易难问题链为主线逐层突破，教学难点借助信息化资源以多样的教学方法和手段逐级突破。

3. 教学重点和难点是否有效突破的"三问"

教学重点和难点是否有效突破，可以通过以下三种方式有效测评：

（1）学生是否能有效回答老师在课堂上提出的问题？

（2）学生是否能准确地、高质量地完成本节课课堂作业和课后作业？

（3）学生是否能自主合理地表达对教学重点和难点的认知和理解？

要有效突破教学重难点，就要精研课标，熟知教材；研究学情，明确策略；优化流程，明晰教法，充分利用信息化资源丰富教学内容和形式，化理性为感性，化抽象为形象，让困难的问题简单化，让学生较好地掌握当堂课的重点和难点。

关键点六：资源与工具

教学资源与工具是指为教学的有效开展提供的各种可被利用的条件，通常包括教材、案例、图片、课件等。从广义上来讲，教学资源可以指在教学过程中被教学者利用的一切要素，包括支撑教学的、为教学服务的人、财、物、信息等。从狭义上来讲，教学资源（学习资源）主要包括教学材料、教学环境及教学后援系统。教师可以利用相关教学资源（教学资源网、多媒体课件、多媒体资源库等），有效进行资源整合，让教学更加形象、生动，让教学效益最大化。

关键点七：教学过程

教学过程是指师生在共同实现教学任务中的活动状态变换及其时间流程。由相互依存的教和学两方面构成。一般有效课堂教学过程包括六个环节：（1）创设情境，导入新课；（2）合作探究，获得新知；（3）例题剖析，巩固新知；（4）检验成果，深化理解；（5）归纳评价，梳理提升；（6）作业设计，学以致用。

在教学过程中要注意：情景要生动，贴近学生生活实际；导入要自然，探究过程要体现以学生为中心，注重培养学生自主学习和合作探究的意识；例题选择要典型，依据教学目标，体现教学重点，讲解要规范，重在启发、引导；问题的选择、练习题的设计要突出教学目标，检验的环节要注重限时化、训练化、考试化、评价化，注重教学效果；归纳评价要自主化，要突出知识与技能、过程与方法、情感态度与价值观；作业设计要求分层育人化，要对学习内容进行巩固、提升、拓展。

关键点八：方法与策略

方法是指教师教的方法和学生学的方法，即教法和学法。基于本节课的学习内容，学习目标，教学重点、难点、疑点，教法上，教师应该合理整合资源，选择适宜学生学习的教学方法；学法上，根据学情确定适宜学生学习的学习方法。教法一般包括：以传递知识为主的五种基本方法，即讲授法、谈话法、读书指导法、练习法、检查法等。

策略是为达成教学目标而采用的一系列比较灵活的教学行为，它是教师在教学过程中根据教学内容、学生的身心特征等因素，对教学思想、教学方法、教学模式、教学流程的整合。一般教学策略包括：探究—发现教学策略、合作学习教学策略、主动参与教学策略等。

教学策略是大概念，比较抽象和灵活。教学方法比较具体，操作性强。教学策略包含教学方法，策略定方向，方法定流程。

关键点九：作业设计

作业是课堂教学效果检测的有效手段。通过作业的完成情况，可以有效评价课堂教学目标实现情况。作业设计要以培养学生能力、思维、核心素养为导向，坚持"注趣味、重基础、侧能力、定层次、求实践"的原则，合理设计巩固限时型作业（必做）、拓展提升型作业（选做）、实践应用型作业、动手操作型作业、思维导图类作业、项目设计类作业等。科学的作业设计既可以巩固学生的学习基础，拓展学生的思维，又可以培养学生创新的意识和能力、社会责任感等。

关键点十：学习评价

学习评价是运用科学完善的标准和方法，对教学活动的过程及其结果进行多维度监测，从而科学评价本堂课的学习效果。即评价学生学得怎么样？

教师教得如何？是否有效突破重点和难点？是否实现教学目标？是否有效落实核心素养？教学环节是否合理？例题、练习题的选择是否恰当？作业设计是否实现夯实基础、巩固拓展、提升学科素养等目标？完善有效的学习评价一定要借助评价工具，多维度、多角度地按照评价主题、评价内容、评价等级和评价得分等进行分析评价。通常可以通过学生课堂行为量表、学生课堂活动量表等对其学习态度、学习习惯、学习方法、学习效果等相关内容进行全面、综合、细致的评价。

综上所述，做好师生幸福的教学设计要以学生核心素养的培养为中心，突出"四基"和"四能"，力求以"十个关键点"为着力点，实现教与学的思维闭环。让教学设计助力高效课堂，让课堂成为立德树人的主阵地，让课程实现真正育人的功能。

第十一章　WI智慧幸福课堂实践

随着信息技术不断发展，互联网+教育已经成为教育的主要形式和趋势。如何将信息技术与课堂教学有效融合，充分利用信息技术强化课堂教学效果，达到课堂减负增质的目标，实现课堂"教""学""评"的学习闭环管理，对于打造智慧课堂至关重要。

一、WI纸笔智慧课堂研究的背景

教育信息化是实现教育现代化的必经之路。WI纸笔智慧课堂是信息化发展时代的产物，将信息技术有效融入课堂教学，让信息化技术助力课堂教学目标实现。WI纸笔智慧系统主要由WI智慧纸笔、智慧平台、云资源库三部分组成，以WI智慧纸笔为信息输入端，以智慧平台为核心数据处理端，以云资源库为精准输出端。通过WI智慧纸笔有效衔接课前自主导学、课中聚焦重难点、课后查漏补缺等学习环节，利用大数据分析做好学情、互动式授课、课堂评价、做题梳理、素质评价等云端分析，有效实现课前、课中、课后教学环节的精准打通，让"教""学""评"更精准，实现课堂教学效益最大化，致力打造具有时代印记的智慧课堂。

二、WI纸笔智慧课堂的教学实践

WI纸笔智慧课堂以学生身心健康发展为中心，以学生学习减负提质为目标，是一种智慧化、智能化的创新课堂教学模式。WI纸笔智慧课堂基于传统课堂教学模式的优点，克服现代化平板课堂教学模式的不足，与传统的课堂教学模式相比，具有较大的优势。

"学生学什么，学得怎么样，教师教什么，教得怎么样，如何做好课堂评价"一直以来是教学的重点研究问题，更是教学难点。

"教""学""评"的高效有机融合决定课堂教学效益。WI纸笔智慧课堂设计理念符合教学规律，操作流程能够有效贯通课堂整个教学环节，有效解决课堂教学问题。WI纸笔智慧课堂主要体现在六个方面：精准导学、精准教学、精准学习、精准评价、精准培优、精准反思。

（一）精准导学

导学的目的在于以学定教。教师只有清楚学生已经掌握哪些基本知识点、基本方法、基本思想等，才能有效开展课堂教学。在课前，教师通过WI纸笔智慧平台向学生发送基于学情的导学案、问题清单、课件等教学相关资源。学生限时自主预习新知，通过WI纸笔上传预习笔记到智慧平台，智慧平台进行数据分析，形成多维度预习分析报告。教师结合自主预习分析报告，有针对性地进行二次备课，做到精准备课、精准设计，有效解决教什么、如何教好的问题，从而提升课堂教学效益。

（二）精准教学

高质量的课堂教学关键在于精准施教。课前，WI纸笔智慧平台依据学生自主预习分析报告进行科学数据分析，精准定位重点、难点和易错点。帮助老师充分了解学生的知识储备和技能，合理规划教学流程，精选例题，优选练习题，优化作业设计和布置。课中，教师根据学生实时上传的课堂笔记，有效监督学生的学习状态；根据学生上传的限时练习作业，及时进行数据分析和统计，形成统计报告，便于教师及时监控学生的学习效果，再次调整授课内容，优化整个课堂教学流程。课后，根据WI纸笔智慧平台提供的学生限时练习的数据分析，教师有针对性地进行夯实基础、巩固提升、拓展能力的个性化作业布置。依据WI纸笔智慧平台提供的精准数据分析，教师可以在不同授课环节，精准把握学情，精准授课，从而实现精准教学。

（三）精准学习

课堂有效教学的关键在于有效实现课堂教学目标。课堂教学目标是学生学习的导向，也就是说学生本节课需要学什么、学得怎么样，学生精准学习的关键在于课前自主预习知不足，课中交流学习解疑惑，课后专项练习促提升。WI纸笔智慧平台通过大数据分析，依据学生自主预习的情况，指出学生学习的疑难点，便于课堂学习聚焦重点问题；依据学生课堂学习情况，指出问题和不足，便于教师精准教学；依据学生自主限时练习题答题情况，制定订单式个性化作业，学生回家进行个性化培优自主学习，再将作业及时上传平台，形成学习的闭环管理，便于学习效果的巩固和提升。

（四）精准评价

课堂教学中，教师教得怎么样，学生学得怎么样，是否实现教学目标，是否有效突破教学重点、难点和疑点，关键在于及时、有效、精准的教学评价。精准的教学评价主要体现在：学生学习状态的评价、学生学习效果的评价、学生强基培优的评价。WI纸笔智慧系统能够利用信息化手段全过程、全方位有效收集数据，及时反馈数据分析，做出精准的学习评价。

1. **学生学习状态的评价**

学生在课堂上的学习状态是学习的关键因素。WI纸笔智慧平台可以通过学生学习笔记、学习参与度、学习过程性资料等，及时生成数据分析，全面分析学生课堂学习行为、课堂语言、课堂参与度等，帮助老师准确掌握学生学习的状态，全程监督学生学习情况，引导学生主动参与课堂教学，便于课堂学习目标的达成。同时，可以帮助家长更好地掌握学生日常课堂学习情况，从而形成家校教育合力，促进学生良好学习习惯的养成。

2. **学生合作交流的评价**

课堂是落实立德树人的主阵地，是育人的主要渠道。WI纸笔智慧平台通过收集自主学习小组每位组员主动参与各种形式教学活动的次数、完成质量等数据信息，客观分析学生提问题的次数、主动交流的次数、主动回答问题的次数等，形成综合分析报告，帮助老师更好地依据分析报告，引导学生养成良好的沟通交流、合作学习、团队意识等品质，从而树立良好的学风，培养良好的学习和生活习惯。

3. **学生学习效果的评价**

学生学习效果评价是课堂教学的目标环节，它决定教学目标和学习目标是否有效达成，是课堂教学中最重要的环节。WI纸笔智慧平台运用科学完善的标准和方法，对教学活动的过程及其结果进行多维度监测，从而科学评价本堂课教的成效和学的效果，即评价学生学得怎么样，教师教得如何，是否有效突破重点和难点，是否实现教学目标，是否有效落实核心素养，教学环节是否合理，例题、练习题的选择是否恰当，作业设计是否实现夯实基础、巩固拓展、提升学科素养等。WI纸笔智慧平台可以通过学生课堂行为量表、课堂学生活动量表等，利用数据分析对学生学习效果等相关内容进行全面、综合、细致的评价。

（五）精准的云强基培优

精准的云强基培优是课堂教学的延伸和补充，目的在于帮助学生精准夯实基础，巩固提升，拓展培优。一般可以按照每周、每月、每学期、每学年四个强基培优阶段，让学生掌握学科知识点、技能、思想方法等，确保不同层次的学生都能够周有所得、月有所获、学期有长、年有所成。WI纸笔智慧平台充分利用每一位学生的数据资料库，根据每个学生学习情况进行个性智能精准分析，制定个性化强基培优学习方案，精准分层、精准习题选择、精准个性辅导、精准个体培优提升。对学习优秀的学生，定制化培优提升作业，重在培优提能；对学习待优秀学生，定制基础常规作业，重在夯实基础。所以，每周、每月、每学期、每学年，WI纸笔智慧平台都会给每一位学生发送专属的个性化培优作业，有效促进学生学业成绩的提高。

（六）精准反思

叶澜教授说："一个教师写一辈子教案难以成为名师，但如果写三年反思则有可能成为名师。"可见，教学反思对于教师专业成长是非常重要的手段，精准的教学反思对教师的专业成长起着至关重要的作用。WI智慧系统能够依据学生课堂学习相关数据分析，有效发现课堂教学的不足和学生在学习过程中存在的问题，精准梳理教学问题，精准处理教学问题，有效完善课堂教学的不足之处。同时，WI智慧系统能够更加科学有效地帮助教师对课前、课中、课后等教学环节进行深度反思，对课堂教学环节，例如新课导入、例题选择、作业设计等进行细致反思。精准反思能够更新教师教学理念，促进教师专业能力提升，助力教师全面发展。

三、WI纸笔智慧课堂的实践反思

我校自开展WI纸笔智慧课堂教学实践以来，已经取得一定成绩，达到预期实践的目的，受到学生和老师的一致好评。整个课堂变得更加有意思、有意义、有内涵，教学方向更精准，学习方向更明确，培优方向更细致；有效地帮助老师减轻了工作负担，提升了教学效率；帮助学生克服了学习惰性，提高了学业成绩。

相信WI纸笔智慧课堂将会成为未来课堂的一种趋势。但是，在整个实践过程中，笔者注意到WI纸笔系统功能还需再开发、再完善。首先，关于课堂数据分析，只有教师可以通过电脑查看，学生没有办法查看数据，也就是说，学生无法及时掌握自身学习情况。其次，老师无法通过平台与学生产生较好的互动，也就是说，WI纸笔系统只有输出信息功能，无直接输入功能。所以，WI纸笔系统还需要通过课堂教学实践对产品进行再优化、再提升，真正达到助力课堂教学的目的。

互联网改变教育，教育改变未来。信息化赋能智慧课堂，智慧课堂助力"教""学""评"的学习闭环管理。WI纸笔智慧课堂通过技术赋能，有效实现"教"和"学"的完美结合。新时代、新技术、新未来，学校将以WI纸笔智慧课堂的实践为契机，深耕课堂做研究，守正创新促课改，力争打造具有时代印记的智慧课堂。

第十二章 幸福教师教学行为规范

为加强教学规范性,让教师幸福地教,让学生幸福地学,特制定幸福教师教学行为规范。

一、幸福教师教学研讨

我校实行同年级同科目教师进行集中教学研讨制度,负责人为备课组长,负责部门为教学管理中心。

(一)教学进度安排

每学期开学之前,各学科备课组通过集中教学研讨商定本学期本学科教学内容以及教学进度,于学期开学前一周,备课组长向教学管理中心提交《教学进度安排》。

(二)教学研讨"5+5模式"

教学研讨模式由5个环节和5个成果组成,第一个"5"是指教学研讨的5个具体环节,第二个"5"是指教学研讨每个环节形成的研讨成果。

1. 备课组一研

备课组利用集体备课时间,先讨论单元教学内容及单元课时安排,再集体研读本节教学内容的课程标准,进行教材分析和学情分析,明确教学目标、教学重点和教学难点,确定教学课型和课时计划,此环节称为"备课组一研"。

(1)一研环节。

①研读课程标准。

课程标准是规定某一学科的课程性质、课程目标、内容目标、实施建议的教学指导性文件，提出了面向全体学生的学习基本要求。

备课时应参照课程标准，确定教学目标以及教学重点和教学难点。

②分析教材内容。

吃透现行教材，收集、整合其他版本教材、学生生活经历、社会生产实际等教学资源，恰当选择、处理教学素材，合理取舍，注意学科间的横向联系，挖掘教学内容中过程、方法、情感态度、价值观等因素，合理组织教学内容。

③分析把握学情。

了解学生学习的态度、兴趣、习惯和学习要求，从学习水平、认知结构、已有的知识经验和生活体验等方面做全面分析，尊重学生个体差异，针对学生实际情况，因材施教。

④确定教学目标。

深刻领会课程标准，全面理解课程内容，挖掘课标要求的内涵并拓展外延。教学目标的制定要全面、具体，贴近学生实际，做到三维目标有机融合；教学目标具有操作性，体现学生主体性；根据教学内容与学生实际辩证处理好阶段性目标和总体目标之间的关系。

⑤确定教学重点和教学难点。

教学重点是指教学中的重点内容，是课堂教学中需要解决的主要矛盾，是教学的重心所在。一般是一门学科所阐述的最重要的原理、规律，是学科思想或学科特色的集中体现。

教学难点是指那些太抽象、离学生生活实际太远的、过程太复杂的、学生难于理解和掌握的知识、技能与方法。

⑥确定教学课型和课时计划。

教学课型一般包括新授课、习题课、实验课、活动课、复习课和其他课型等，一个完整的教学内容需提前规划授课时数。

（2）一研成果。

本节教学内容的主备人整理"备课组一研"各环节形成的备课内容，完成学校制式电子教案的对应内容，自我保存。

2. 主备人二研

主备人以"备课组一研"达成的共识为基础，独立深入完成备课环节，优化教法学法，选用教学媒体，设计教学过程、课堂检测、板书、作业，此环节称为"主备人二研"。

（1）二研环节。

①优化教法学法。

根据教学目标要求和教学内容特点，结合学生的年龄特点、心理特征和认知规律，以及课程资源条件、教师的个性特征，灵活恰当地选择教学方法和学习方法，激活学生思维，引导学生通过自主、合作、探究等多种学习方式，在主动建构中习得知识与方法，在感悟、体验中发展情感、态度与价值观。

②选用教学媒体。

根据教学需要，以教学效果最优为原则，合理选择、有效组合、恰当运用实验器材、挂图、模型、计算机等辅助教学，加强现代信息技术与学科教学的有机整合。

③设计教学过程。

紧扣教学目标设置教学环节，总体环节完整。根据教学内容的特点，及时调整本节课课堂教学的环节和时间。注重创设教学情境、组织和指导自主学习、交流与评价等基本环节的设计，灵活合理，各环节之间体现教学内容的逻辑性和学生认知的规律性。创设的情境问题力求真实生动，富有启发性和探究性。策划的活动力求体现开放性、参与性和过程性，重视预设与生成之间的关系。

④设计课堂检测。

重视课堂检测环节，认真设计本节教学内容的课堂检测形式和题目。课堂检测题目的设计应注重对教学重点知识的夯实，对教学难点内容的突破。合理有序地设计有层次、有梯度的检测题目。

⑤板书设计。

板书设计要条理清晰、简明扼要、布局合理、美观大方，注重体现知识的形成过程，注重揭示知识结构和学习方法。

⑥作业设计。

作业设计要符合课程标准、教材要求和学生实际，重点关注学科素养和学科思维，有助于学生巩固、加深理解和扩大知识范围，提高学习能力和实践能力。

（2）二研成果。

本节教学内容的主备人将"二研"各环节的备课内容填写在学校制式电子教案的对应位置，至此完成本节教学内容的"电子共案（初稿）"。

完成教学课件的设计，必要时应提供相关教学辅助资料或其他资源。

以上内容完成后，主备人将其发至备课组交流群，以供备课组其他教师提出修改意见。

3. 备课组三研

（1）三研环节。

备课组利用集体备课时间，首先，主备人阐述二研设计缘由；然后，备课组其他教师提出修改意见，集体研讨，达成共识；最后，主备人根据集体研讨意见对"二研成果"进行修改完善。

（2）三研成果。

本节教学内容的主备人两日内完成本节教学内容的"电子共案"和教学课件，必要时应提供相关教学辅助资料或其他资源。

以上内容完成后，主备人将其发至备课组交流群中，以供备课组其他教师进行个人研究。

4. 个人四研

（1）四研环节。

每位教师以本节教学内容的"电子共案"为基础，应根据班级情况、学生学情和教师个人教学风格，认真完成二次备课，要体现教学设计的针对性和有效性，彰显个性特点。

（2）四研成果。

每位教师手写完成学校制式纸质教案，要求做到内容齐全、格式规范、详略得当。黑色中性笔书写"电子共案"内容，红色中性笔书写"二次备课"内容，至此完成本节教学内容的"纸质个案"。

教学课件应当同时进行修改，并选用适合的教学辅助资料或其他资源。

5. 个人五研

（1）五研环节。

本节教学内容授课结束后，每位教师应及时进行反思和总结，也可和备课组其他教师沟通交流，积累经验，完成课后反思。

课后反思内容应包括：

①反思课堂教学规范是否落实。

②反思教学目标是否有效达成，教学重点是否有效突出，教学难点是否有效突破。

③反思教学过程，包括教学环节是否完整、教学步骤是否过渡连贯、教授内容是否全面、教学方法是否合理、学生是否主动参与教学过程、教学时间分配是否合理。

④反思课堂练习、作业设计是否有实效性。

⑤反思教学准备是否完善。

⑥反思板书设计是否合理。

⑦反思课堂评价是否单一。

⑧反思习题讲解方法是否透彻，做到举一反三。

⑨反思教学过程中学生的独特见解。

⑩反思教学过程中的得与失、存在的问题以及解决方法。

（2）五研成果。

每位教师应及时完成制式纸质教案"课后反思"的内容。

（三）教学研讨流程

1. 教学内容研讨

按备课内容的时间安排，落实本周集体备课时间应完成的相关教学内容的一研、三研。进行一研时，要扎实进行教材分析、学情分析，紧扣课程标准，据上述内容确定教学重难点等。进行三研时，要注重对课堂教学环节、教学策略、课堂检测、板书设计、作业设计的讨论，达成共识，备课组全体教师应统一研讨成果。

2. 教后反思研讨

按备课内容的时间安排，利用本周集体备课时间交流上周教学内容的五研成果——课后反思。课后反思研讨是每位教师进行自我提升的有效方式，组内教师应人人发言，谈一谈自己近期的课后反思，及时交流，互相借鉴，取长补短，有效调整教学策略。

3. 教案完成检查

备课组长对以下教案内容进行检查：（1）上周教学内容纸质个案的课后反思；（2）下周教学内容纸质个案（包括二次备课）；（3）跨年级代课教师原授年级的上周教学内容电子教案的课后反思；（4）跨年级代课教师原授年级的下周教学内容电子教案的三次备课。

（四）教学研讨参会要求

（1）各备课组应按照教学管理中心下发的集体备课安排表在规定时间和地点进行集体备课，不得擅自更改。在规定时间内，若备课任务提前结束，应进行与本学科相关的其他教研活动，不得私自提前结束。各备课组负责领导应按时到场参加集体备课。

（2）教师或备课组长因工作原因无法按时参加集体备课活动，应提前向主管领导请假，由主管领导与教学管理中心主管领导沟通。

（3）各备课组负责领导因公务、病假、事假等原因无法按时参加集体备课活动，应提前与教学管理中心主管领导沟通。

二、幸福教师教学准备

（一）教案完成说明

（1）要求授课教师手写完成学校制式纸质教案，即前面提到的"纸质个案"，要求做到内容齐全、格式规范、详略得当。

（2）要求跨年级授课教师手写完成新授年级的"纸质个案"，并对原授年级的上学年"电子共案"进行三次备课，不需打印。

（3）一节教学内容只需书写一次教材分析、教学目标、学情分析等内容（即一节教学内容只需书写一次教案纸的第一面内容），如本节教学内容分为多个课时完成，则应把每个课时的教学安排按顺序详细书写在"教学过程"板块，书写时标注清楚第1课时、第2课时……每课时教学过程之间空2行。

（4）教案篇幅应符合标准，一节教学内容包含1个课时，教案篇幅不少于2页4面；包含2个课时，教案篇幅不少于3页6面；包含3个课时，教案篇幅不少于4页8面，以此类推。

（5）"电子共案"内容用黑色中性笔书写，"二次备课"内容用红色中性笔书写，用铅笔作图，"三次备课"内容用蓝色笔在"电子教案"上书写。

（6）教师书写教案应于上课之前的一周完成，包括二次备课。授课结束后，应当日完成教后反思。

（二）教案类型说明

（1）新授课教案；

（2）习题课教案；

（3）复习课教案。

（三）教案书写说明

1. 相同要求

新授课教案、习题课教案、复习课教案均应按照学校制式纸质教案的内容和格式，规范书写教材分析、学情分析、教学目标、教学重点、教学难点、教学课型、课时计划、教学过程、板书设计、作业布置、课后反思等内容，手写完成。

2. 相异要求

（1）新授课教案要求教师手写详案。

"教学过程"板块应包括：导课、呈现新授课教学目标、新授内容的教学、课堂小结等内容。

（2）习题课教案要求教师手写简案。

"教学过程"板块应包括：呈现习题课教学目标、问题分类、习题讲解、课堂小结等内容。

（3）复习课教案要求教师手写详案。

"教学过程"板块应包括：呈现复习课教学目标、复习内容讲授、复习方法介绍、习题训练、复习小结等内容。

（四）课型教案说明

（1）新授课、实验课、活动课、艺体课、社团课程、生涯课程按照

"新授课教案"书写要求完成。

（2）习题课、试卷讲评课按照"习题课教案"书写要求完成。

（3）单元复习课、阶段性复习课、期中期末复习课按照"复习课教案"书写要求完成。

（4）世外英语课程依据教学内容完成对应类型教案。

（五）练习册完成说明

教师应认真完成各学科课程的配套练习册上所有题目，并留下做题痕迹，配套练习册的完成进度应与教案进度同步，于课前一周完成。

三、幸福教师教学授课

（一）幸福课堂教学五环节

1．新授课

（1）情境与问题：对新授内容进行引入，选用多样化方式，激发学生的学习兴趣。

（2）情感与价值：对学生的情感、态度、价值观等进行培养。

（3）自主与活动：应包括教师讲授、学生活动、教师评价三个环节。

（4）应用与迁移：通过课堂检测的方式评价每节课的教学目标的实现程度。

（5）小结与评价：鼓励学生（学习成绩中等偏下）进行小结，教师评价；作业需当堂布置，明确书写内容、格式要求、上交时间。

2．习题课

（1）情境与问题：习题课教学目标应强调教学重点、学生作业中出现的高频出错点，以及突破教学难点。

（2）情感与价值：针对教学目标，精选课本、练习册、辅导书中的相关习题，对习题进行分类归纳，展示给学生，让学生明确习题与知识点的对应关系，更好地形成知识体系，明确习题的设计意图。习题筛选要有全面性、系统性、层次性，达到举一反三的效果。

（3）自主与活动：应包括教师讲、学生讲、教师评等环节，激发学生的学习兴趣。

（4）应用与迁移：应对本节课讲解的重点习题举一反三，达到巩固的效果。

（5）小结与评价：鼓励学生（学习成绩中等偏下）对习题内容、解题方法、重难点和易错点进行小结，教师评价。

3. **实验课/活动课/艺体课**

此类课程遵循幸福课堂教学五环节，应注意以下事项：

（1）学生自行到指定地点上课。在实验室、功能室或操场授课的教师应提前到达，预备铃声响起立即清点学生人数，了解缺勤原因，无法解决时可派学生干部向班主任或副班主任及时反映。

（2）强调实验室、功能室或开阔场地的学生行为要求和安全须知。

（3）过程教学：按照新授课教学过程的要求，注重学生动手、参与、合作等方面能力的锻炼，注意教学安全。

（4）整理相关器材，学生自行离开。

（二）幸福教师授课行为规范

（1）教师应按照课程安排表上课，不得私自换课、替课。如有换课、替课等安排，教学管理中心须提前将相关安排发至学校微信群，涉及的教师收到需回复，未回复者教学管理中心应及时追踪，确保教师明确相关安排。

（2）预备铃响，教师即刻进入教室候课，组织学生做好学科学习物品准备、汇报展示、复习背诵或预习诵读，完成学生人数核对，做好班级授课情况记录，如有缺课学生，应了解缺课原因，无法解决时可派学生干部向班主任或配班教师及时反映。

（3）教师授课时，禁止携带手机，不可着奇装异服，不可佩戴夸张首饰。

（4）如非特殊情况，教师应站立上课。

（5）上课时，教师不得处理与课堂教学无关的事务，不会客，不接打电话，不中途离开。

（6）下课前，不得让学生无故离开课堂，不得让学生在无人监管的地方停留。

（7）授课时，教师应携带教材、教案和配套练习册，合理安排教学进度，做到既不拖堂，也不提前下课。

（8）教师每节课应按计划将教学内容讲完，达成教学目标，不可拖欠至下节课完成。

（9）教师在教学过程中应关注站位，当讲授重难点、发布任务、进行教学评价时，应站在教室正前方，引起学生关注；当学生活动、做练习时，应匀速走动到教室中间、后方，关注全体学生，巡回指导。

（10）教师授课时，语速应适中匀速，讲授重难点时应注意抑扬顿挫，适当放慢语速，调整音调。

（11）课堂教学离不开学生管理和活动组织，教师要调动学生的学习积极性，及时纠正学生不良行为，关注每一位学生，不抛弃不放弃。

（12）学生回答问题或者汇报时，教师需进行明确的教学评价，建议使用激励性语言和多样化评价方式。

（13）板书设计应提前规划、即时生成，不可忽略，不可提前写，不可课终完成。

（14）如遇升旗仪式、课间操，任课教师应协助班主任组织学生集合；如遇眼保健操，任课教师应在教室指导学生认真完成。

（15）教师不得占用其他课程的教学时间给学生辅导或处理事情，如有正当理由，应征得班主任和任课教师的同意。

（三）幸福教师一日教学流程

1. 晨读

由班主任负责。首先，清点学生人数，做好晨检，及时联系家长，追踪学生未到原因，办理请假手续；组织学生进入班级之前完成作业上交，杜绝学生进入教室后补作业、抄作业的情况，安排学生干部分类收齐作业，送至任课教师办公室。接下来，安排学生干部将下一节早读课的听写、默写或检测目标板书在黑板上，组织学生复习，为早读检测做好准备。如目标已达成，班主任可安排其他内容组织学生复习，不要出现学生无事可做、无人管理的情况。班主任应关注全体学生，不可长时间投入一项工作（例如逐一检查学生背诵），导致学生无人监管。

2. 早读

由任课教师负责。早读应有教学目标，教师应合理安排诵读、背诵和检测等环节。为保证早读目标的达成度，教师应侧重落实听写、默写、答卷、专项题型训练等检测形式，让学生落实书写，教师做好讲评，及时督促学生认真改错，以及举一反三进行相关练习。早读期间，任课教师应关注全体学生，不可长时间投入部分学生工作，导致大多数学生无人监管。

3. 正课

由任课教师负责。教师需做好候课，按照不同课型的要求，教学环节应完整，教学目标需达成。具体要求请参照课堂教学环节要求。

4. 午休

由午休看班教师负责。严格核对学生人数，处理缺勤问题；督促学生午休。

5. 德育微课

由班主任和当日班级的课后服务授课教师共同负责。首先，班主任应及时反馈当日班级情况、总结出现的问题，提出整改措施；接下来，应安排学生干部在黑板上板书当天全部作业，包括书面作业、口头作业、背诵作业等，让学生做到心中有数，按时完成；最后，应安排学生干部检查每位学生是否把作业全部抄写下来，做好学生良好习惯的养成教育。另外，班主任应利用德育微课和当日班级课后服务授课教师进行学生情况沟通及管理权限交接。

6. 课后服务

由当日班级的课后服务授课教师负责。每日的一节课后服务教学时间为60分钟，学生自主完成作业，教师答疑并做好教学指导。课程结束后，教师应叮嘱学生注意路途安全，并整队将全班学生送至校门口，送学生离校，不允许学生留校不归。

四、幸福教师作业评价

（一）作业设计

（1）题量适中。日常能在课堂上完成的作业不布置到课后去做。周内作业和周末作业应有差别，周内作业应适量，注重基础夯实；周末作业可适当增加，强化习题训练量，合理提升难度，各学科备课组应重视设计周末作业，比如单元测试卷、复习提纲背诵、填空等多种形式。法定长假作业应成体系设计，既包含概念巩固、基础训练，还要注重提升训练。

（2）难度适宜。要具有层次性和选择性，作业难度应以中等学生的水平为准，也要有利于提升学优生，培养待优生，减少重复、机械、无效的作业，力求让全体学生在作业过程中有所收获。

（3）设计规范。作业布置要确保正确性和合理性，克服随意性。

（4）分层作业。教师根据班级学生学情，合理设计分层作业，让绩优生能够更好地进行提升训练，让成绩中等的学生能够在巩固基础的同时合理提升成绩，让待优生能够落实基础训练，找到学习自信。

（5）形式多样。创新作业形式，根据课程特点，合理布置预习、复习、口头、书面、实践等不同形式的作业，丰富作业类型。

（6）遵循国家五项管理和"双减"政策的要求，设计综合性作业，体现分层性、多样性、学科融合性、实践性。

（二）作业类型

（1）预习作业。可根据学科特点选择课内或课外完成。此部分只是对基础知识的预习，不应布置超过识记层次过高要求的作业，但对学习能力较强的学生不做限定。教师可以根据教学需要布置预习作业。

（2）巩固作业。学生对当天所学内容进行知识重难点的巩固复习，比如练习册作业、背诵作业、口语作业等。

（3）提升作业。对于学情良好的班级，学科教师应给学生推荐一本带有详细答案（解题思路）的教辅书，每周布置相应作业内容，让学生按需自主完成。此作业不需批改，教师应定期关注学生完成情况，及时答疑解惑。

（4）纠错作业。期中教学质量评价、期末教学质量评价中的错题应认真在错题本上完成改错。

（5）语言作业。语文、英语学科应布置听、说、读、写、背等类型的作业，并利用早读时间完成。语文学科应定期布置日记、周记，训练学生的书写和文笔，定期进行检查评价；英语学科每日应布置30分钟口语作业，包括跟读和背诵，老师及时检查。

（三）作业管理

（1）作业要求明确。任课教师布置作业时，须明确作业内容、收交时间或检查时间，布置作业要提出格式要求，强调书写规范，强调独立、按时完成，培养学生良好的作业习惯。

（2）班主任应建立班级各学科教师作业布置协商机制，每日负责协调、控制课后作业量，确保每生每日回家作业学科平衡、总量合理。

（3）每日德育微课，班主任组织学生干部对各科作业进行总结，要求学生把各类型作业全部抄写在作业登记本上，学生干部进行检查。

（4）每日作业完成后，学生应将作业进行整理，分类放入作业袋，以便节省第二天早晨收交作业的时间。

（5）学生每日进入教室之前，须上交所有作业，学科代表于每天晨读前收齐各科作业交至任课教师处，并于每天下午将批改后的作业领回分发。

（四）作业批改

（1）批改质量。语文、数学、英语作业要求全批全改，精批细改，批改字迹要端正，格式要规范，对题画"√"，要小，角度为45°，每题一勾，错题画"×"，要小而端正，批阅应标注等第，注明批改日期。政治、历史、地理、生物作业应标注批阅记号，注明批改日期。

（2）批改数量。各学科批改的作业类型不限，批改作业的次数达到标准即可。各科作业批改次数的具体要求为：七、八年级语文、数学、英语每周不少于5次；七、八年级语文每两周1次小作文，每两周1次大作文；七、八年级英语作文每两周1次；七、八年级世外英语阅读、口语每四周不少于1次；七、八年级道德与法治、历史每周不少于1次；八年级物理每周不少于2次；七年级地理、生物每周不少于1次；八年级地理、生物每周不少于2次。

（3）认真地、及时地批改作业，当天作业当天批改，做到不漏改、不拖延，并及时讲评。

（4）批改时，应注意学生作业中的错误数量和性质，分析错误产生的原因并记录，作为作业评讲和教学改进的依据。

（5）要有计划地对绩优生进行作业面批指导。

（五）作业讲评

（1）评讲作业应突出讲解重点内容和高频错误内容，分析出错原因。要正确对待学生作业中的独特见解和典型错误，拓展学生思维宽度与理解、分析问题的深度，提高学生分析和解决问题的能力。

（2）重视作业的信息反馈。根据作业反映的信息，及时调整教学的进度、内容和难易程度。

（六）作业改错

批改后的作业要评讲，错题应要求学生及时、认真订正，要特别引导学生重视改错，并对订正后的作业进行二次批改。

五、幸福教师教学评价

（一）教学评价安排

每学期安排一次期中教学质量评价、一次期末教学质量评价。

（二）考务工作规范

1. 考务工作流程

考务工作由教学管理中心负责组织、实施。每次考务工作完毕，教学管理中心应做好相关资料的整理和留档。

具体流程包括：试卷征订、试卷领取、试卷分发、考务方案、考务培训、试场布置、试卷批阅、成绩录入、教师—备课组—年级组—学校质量分析。

2. 监考工作规范

为保证考试真实有效，学校举办的各类考试，监考教师均须遵守监考纪律，营造良好的考试氛围。

（1）监考教师要认真做好考场监督、检查工作，组织考生按照考场号和座位号有序就座，对考生进行考试纪律教育，保证考试顺利进行。

（2）开考前，按时启封、分发答题卡及试卷，在规定区域粘贴条形码，并口头提醒考生准确填写答题卡、试卷、草稿纸的卷头内容，用0.5毫米黑色中性笔在答题卡的规定区域内答题，正式开考铃响之前不可作答。监考教师应逐一检查答题卡、试卷、草稿纸的卷头内容学生是否填写正确，如填写错误应及时纠正。

（3）考试中，监考教师应维护考场秩序，制止考生违反考试纪律的行为，保证考试正常进行。监考时应集中精力、严肃认真、忠于职守，不得徇私舞弊。严禁将通信工具带入考场，不做与监考无关的任何事情，不检查、指导考生作答，对试题内容不做任何解释，对于考生提出的试卷印刷文字不清的询问，应及时向巡考人员反馈，并及时将结果告知考生。不得提前和拖延考试时间。考试过程中，发现考生身体不适时，应及时通知考场外工作人员将考生带出，联系其家长及时对考生进行治疗。考试结束前15分钟，提醒考生注意考试时间，并将答案全部转写至答题卡上。不穿奇装异服，不穿有声响的高跟鞋，英语听力播放过程中不随意走动。

（4）考试结束时，即令考生停止答卷，收齐并清点答题卡、试卷、草稿纸，并将其按照从上至下、由小号到大号的顺序进行整理，核对无误后组织考生依次退出考场，组织考生关好考场门窗。填写《考试记录单》，将其与答题卡、试卷、草稿纸一起交至考务室，验收合格后再行离开。

3．学生考试守则

（1）在规定时间按指定考场座位就座，参加考试。

（2）开考十五分钟后不得入场，考试不允许提前交卷。

（3）考生除有关科目必备的铅笔、直尺、圆规、三角板、橡皮外，其他任何物品不准带入考场。严禁携带各种通信工具及贵重物品进入考场。

（4）考生按指定座位就座，在试卷（答题卡）规定的地方填写（填涂）自己的姓名、准考证号（班级、学号）、考试科目等。

（5）开考信号发出后才能开始答题。

（6）在规定的地方答题，主观题必须用黑色中性笔作答，客观题必须用2B铅笔作答（填涂），不得用规定以外的笔答题。

（7）在考场内必须保持安静，不准喧哗。

（8）考试中，不准交头接耳、左顾右盼、打手势、做暗号，不准夹带、偷看、抄袭或有意让他人抄袭，不准传抄答案或交换试卷、答题卡。

（9）提问前先举手，得到允许后，可提问有关试卷字迹不清、卷面缺损、污染等问题。

（10）考试终了铃一响，考生须立即停止答卷，等监考老师将答卷、答题卡等收齐后，依次退出考场。交卷后不准在考场周围逗留。

（三）阅卷工作规范

1. 阅卷工作流程

备课组长分配阅卷任务（要求流水阅卷）——备课组集体随机抽阅10份试卷——制定评分标准——正式流水阅卷。

2. 批阅试卷说明

（如使用阅卷系统批阅，此项内容不需考虑）

阅卷只批改学生答题卡，正确没有标记，错误画"×"。

每道题目（第1、2……25题）在题目旁边写扣分。

每类大题写正分，试卷总分写正分，大题得分和试卷总分应填在答题卡分数栏的对应位置。

只有试卷总分加下画线，如"<u>85</u>"；其他扣分和得分只写数字，不加下画线。

（四）质量分析规范

1. 质量分析准备

（1）录入成绩。

备课组长组织组内教师录入全年级学科电子版成绩，此表须按规定时间发至教学管理中心。

（2）整理答题卡。

备课组长组织组员拆开密封装订线，按班级整理答题卡，任课教师领走所带班级答题卡，完成质量分析。

2. 质量分析方法

（1）试题分析参考维度。

试卷有多少大类题型？总分是多少？各种题型所占分值比重是多少？哪类题型学生已见过，哪类题型学生初次见？哪些题型是考查基本知识和基本技能的？哪些内容是考察的重点，所占分值多少？

命题覆盖范围分析。各种题型在教材中的章节分布，是否覆盖所有章节？哪些章节的内容在试卷中所占比例较大？考试内容是否超出课程标准范围，与课程标准的要求是否一致，基础知识题与基本技能题的考查是否兼顾？

题量大小与难易程度分析。学生在规定时间内试卷完成度是多少？是否在规定的时间内完成试卷内容？试卷中的基本题、有一定难度题、拔高题（难度较大）所占比重是否合理，有无偏题、怪题？

（2）*作答分析参考维度。*

统计每道题目的得分率，梳理出易错题目。通过学生答题情况，诊断出学生学习中到底存在哪些问题，是知识的问题、态度的问题，还是能力的问题？是教师的问题，还是学生的问题？是教材问题，还是试卷问题？是教的问题，还是学的问题？是共性问题，还是个性问题？典型问题教师要做好记录。每一种题型从得失分看出学生问题所在。不同的题型，诊断的功能不同，可以看出学生思考的误区。

（3）*存在问题参考维度。*

从平均分看，与预期考试成绩或以前考试成绩比较，如果低于正常值，或有较大差距，就要反思自己的教学水平和班级管理等方面的问题。

从五率（优秀率、良好率、达标率、边缘率、过差率）可以客观看出班级学生的层次和不同学生知识掌握程度。如果后进生人数多，表示教学中不够重视补差工作。如果优分人数少，说明平时提优不够。

从最高分可以看出自己教学的全面性与命题要求以及与兄弟班级的差距。一般来讲，在平行班级中，优秀学生的发展是比较均衡的。如果本班的最高分与其他班级相差较大，那就要思考是否教学存在疏漏。

从分数段可以看出本班学生的整体状况以及在各个层次上的分布情况，教师可以针对情况查漏补缺。

（4）*改进措施参考维度。*

问题找到了，就要对症下药，要制订切实可行的改进计划。计划要有针对性，要有可操作性，能够解决问题。例如，如果是思想方面的问题，那么就制定思想教育方面的改进措施；如果是学习习惯方面的问题，那么就制定培养学生良好学习习惯的措施；如果是班级后进生多，那么就提出转化后进生的措施。

3. 质量分析呈报

全体任课教师按照上述方法，完成质量分析表（任课教师版），备课组长还需另外完成质量分析表（备课组版），备课组长将全组质量分析表收齐，按规定时间交至教学管理中心。

（五）教学评价反馈

1. 试卷讲评

全体任课教师应以质量分析为基础，有针对性地进行试卷讲评。着重讲解重点知识、易错知识、难点知识，得分率较高的题目不需过多讲解。对于重点的讲解内容，可设置举一反三的练习题目，帮助学生突破难点。

2. 落实改错

要特别注意学生改错，既要面向全体，又要针对个体；教师应给全体学生讲解高频错题，还要建立重点学生给老师或同学一对一讲错题的机制；使用错题本对日常评价和大型检测出错的试题进行认真改错，教师应检查改错内容是否再次出错。

六、幸福教师学生辅导

（一）确定培优、辅中、帮困的学生名单

任课教师确定各班级培优、辅中、帮困的学生名单。

（二）制订辅导计划

每月应制订辅导计划，辅导教师针对不同学生设计有针对性的、切实可行的辅导计划。

（三）阶段性检测

每月应进行阶段性检测，辅导教师可针对不同学生设计相应的检测内容，以鼓励学生取得进步为目的，分析存在的问题，进一步完善辅导计划。

七、教学事故认定及处理办法

教学事故是指教师、教辅人员、教学管理人员违反教师职业道德、失职、违反学校岗位工作制度及管理制度，导致教学秩序、教学进程、教学环节、教学质量等受到严重影响，并造成不良后果的行为或事件。

（一）教学事故等级

根据事故情节和造成的后果，教学事故分为以下三个等级：

（1）一般教学事故。一般教学事故是指因行为人的失误对正常教学秩序或教学效果造成不良后果的行为或事件。

（2）严重教学事故。严重教学事故是指因行为人的重大失误对正常教学秩序或教学质量造成严重不良后果的行为或事件。

（3）重大教学事故。重大教学事故是指行为人主观直接过错对正常教学秩序或教学质量造成严重恶果的行为或事件。

（二）教学事故认定

根据教学事故的等级和类别，教学事故按照以下条款进行认定。

1. 一般教学事故认定原则

发生下列情况之一，认定为一般教学事故。

（1）教师非客观原因上课迟到或提前下课5分钟以内。

（2）监考教师未按规定时间到岗，迟到或早退5分钟以内；在考场内做与考试无关的事情。

（3）在教学过程中不按要求布置和批改作业，学生反映强烈，造成不良影响。

（4）在教学过程中未按考纲要求授课，或教学进度与教学计划无故相差4节以上，学生反映强烈，造成不良影响。

（5）任课教师无教案或备课不充分，或者责任心不强，学生反映强烈，造成不良影响。

（6）教学内容多次出现明显知识性错误。

（7）在上课或其他教学活动中使用手机或其他移动通信工具，造成不良影响。

（8）未在规定时间内上交相关材料。

（9）上班期间做与工作无关的事情，如上网聊天、玩电脑游戏等。

（10）任课教师衣冠不整，如穿背心或拖鞋上课。

（11）上课有学生睡觉或变相体罚学生。

（12）备课组长不组织一周一次的集体备课活动或活动流于形式。

（13）由于责任心不强，在水、火、电、盗等方面出现问题，给学校造成轻微损失。

（14）教学环节安排失误（如排课失误等），造成教学人员不到位，影响教学活动实施。

（15）因人为原因，不能按规定提供教学要求必备的图片、仪器、标本等教学辅助用品。

（16）实验课不按实验规则组织教学，造成不良后果。

（17）在条件允许的情况下，实验员不能及时供应教学实验设施、器材、用品等或准备不充分。

2. 严重教学事故认定原则

发生下列情况之一，认定为严重教学事故。

（1）教师非客观原因上课迟到或提前下课10分钟及以上。

（2）监考教师未按规定时间到岗，迟到或早退5分钟以上。

（3）监考教师未能认真履行职责，使考试延误5分钟以上。

（4）未严格执行考试规定（包括发现学生作弊不及时处理），造成严重影响。

（5）未经教学管理中心批准，教师擅自换课、请人代课、代他人上课或更改上课地点。

（6）泄露试题，造成不良影响。

（7）未按考务要求及时提交成绩及质量分析。

（8）不按评分标准阅卷或随意改动学生考试成绩。

（9）上报虚假成绩或弄虚作假更改成绩。

（10）实验技术人员未按要求提前做好实验准备，导致实验无法正常进行。

（11）未经教学管理中心批准，擅自给学生订阅教辅资料。

（12）随意将学生赶出教室。

（13）不及时上交相关材料，经催促后仍不及时上交，影响学校整体工作造成后果的。

（14）不批改作业，导致学生反响较大。

（15）任课教师酒后上课（辅导）或在课堂上抽烟。

（16）无故不参加备课组、学科组、学校及上级部门组织的教研活动。

（17）组织课堂教学不力，致使课堂教学秩序混乱。

（18）违反有关规定，擅自向学生推荐购买教材或教辅材料并收取费用。

（19）教学设施设备运行不良或损坏，无特殊原因超过3天仍未修理，影响教学活动正常进行或影响教学效果。

（20）管理人员私自将教学设备外借，给教学活动正常进行造成不良影响或致设备损坏。

（21）病、事假期满，逾期不续假或不上岗工作的。

3. 重大教学事故认定原则

发生下列情况之一，认定为重大教学事故。

（1）在教学过程及教学组织管理中散布违背党的路线、方针、政策或违背教师基本职业道德规范等方面不健康的言论，直接影响教学活动的正常进行或在学生中造成恶劣影响。

（2）考试泄漏试题，或在试卷印刷、传送、保管过程中泄密造成严重后果。

（3）未办理请假手续，擅自旷课。

（4）无正当理由，拒不接受学校教学工作安排或年级处室布置的教学任务（含教学、实验、竞赛、考务等），造成恶劣影响。

（5）借用教学、实践活动等名义私自将学生带出校外，导致严重后果或造成恶劣影响。

（6）监考中对学生答题进行暗示、提示或放纵学生舞弊、瞒报学生违纪现象。

（7）在上课、活动、实验过程中因教师擅离职守或管理不当，造成学生严重伤亡。

（8）教师进行有偿家教或在社会培训机构上课。

（9）不按规定要求和程序对学生进行学业成绩、综合素质评定，导致评定结果严重失误。

（10）教师上课迟到或提前下课超过20分钟，严重影响教学秩序和教学进程。

（11）教学过程中遇到突发事件，不能及时妥善处理，造成事态恶性发展并造成严重后果。

（三）教学事故处理程序

（1）当事人提交书面情况说明。

（2）年级组与教学管理中心提出处理意见。

（3）年级组与教学管理中心商议决定。

（4）学校校委会提出处理意见。

（5）年级组与教学管理中心对教学事故及其相关责任人在全校范围内进行通报。

（6）年级组、教学管理中心对处理结果进行备案。

第十三章　幸福教师教学行为检查规范

为加强教学规范性，保障教师幸福地教，学生幸福地学，特制定幸福教师教学行为检查规范。

一、幸福教师教学研讨检查规范

1. 分组检查

检查人：备课组长、教学管理中心

检查形式：全面检查

检查时间：每周检查一次，集中教学研讨时间

检查地点：集中教学研讨规定地点

工作内容：

（1）检查备课组成员是否按照规定时间和地点参会，是否无故缺席。

（2）检查备课组成员是否积极参与相关教学内容的一研（初探）、三研（深探）。

（3）检查主备人能否在相关教学内容的三研环节中清楚表述设计思路及意图。

（4）检查备课组成员是否积极研讨上周教学内容的五研成果（教后反思）。

（5）检查部分备课组是否按照检测时间安排，提前进行试卷编制研讨。

（6）若跟组领导有事未到，记录未到原因。

（7）完成《集中教学研讨情况记录表（备课组）》。

（8）完成《集中教学研讨检查记录表（教学管理中心）》。

（1）（8）为教学管理中心工作职责，其他为备课组长工作职责。经检查发现问题，应及时向教学主管领导反馈，并督促相关人员整改。

2. 集中检查

检查人：主管领导、教学管理中心、备课组长

检查形式：全面检查

检查时间：每周检查一次，周五上午8：30

检查地点：教学管理中心

工作内容：

（1）检查一周《集中教学研讨情况记录表（备课组）》完成情况和问题整改情况。

（2）通报存在问题，督促相关人员及时整改。

二、幸福教师教学准备检查规范

1. 备课组周查

检查人：备课组长

检查形式：全面检查

检查时间：每周检查一次，集中教学研讨时间

检查地点：集中教学研讨规定地点

工作内容：

（1）纸质个案。

①检查内容（以第2周为例）。

第1周五研：个人纸质个案的课后反思。

第3周四研：个人纸质个案（包括二次备课）。

②检查要点。

是否手写完成，是否书写认真、布局美观。

教案纸的各板块内容是否书写正确、完整。

内容是否与电子共案大体一致、二次备课是否完成。

课后反思是否及时完成。

每节教学内容的教案篇幅是否达标。

新授课、习题课、复习课、讲评课各类型教案是否齐全、是否达标完成。

③检查标记。

备课组长在每节教学内容的纸质个案最后一页右下方书写："查（另起

一行）某年某月某日"。

（2）电子教案。

①检查对象：跨年级代课教师原授年级的电子教案。

②检查内容（以第2周为例）。

第1周五研：电子教案的课后反思。

第3周四研：电子教案的三次备课。

③检查要点。

是否按照学校制式电子教案的规定格式完成。

电子教案的各板块内容是否书写正确、完整。

每节教学内容的教案篇幅是否达标。

新授课、习题课、复习课、讲评课各类型教案是否齐全、是否达标完成。

三次备课是否按照要求完成。

（3）电子共案整理保存。

电子共案不做检查标记，需备课组长收集整理并分类保存，每周电子共案的命名方式为："20××年×月×日—20××年×月×日—七年级×学科第×周第×课时电子共案"。

（4）练习册。

①检查配套练习册的完成进度是否与教案进度同步（提前一周完成）。

②检查配套练习册教师是否认真完成所有题目，并留有做题痕迹。

（5）记录反馈。

完成《教案及练习册周查记录表（备课组）》

经检查发现问题，应及时向教学主管领导反馈，并督促相关人员整改。

2. 教学管理中心周查

检查人：主管领导、教学管理中心、备课组长

检查形式：随机按比例抽查

检查时间：每周检查一次，周四上午8：30

检查地点：教学管理中心

工作内容：

（1）全面检查一周《教案及练习册周查记录表（备课组）》完成情况和问题整改情况。

（2）随机抽查纸质个案是否手写完成，是否书写认真、布局美观；教案纸的各板块内容是否书写正确、完整；二次备课是否完成；课后反思是否及时完成；每节教学内容的教案篇幅是否达标；新授课、习题课、复习课、讲评课各类型教案是否齐全、是否达标。

（3）随机抽查配套练习册是否与教案同步，是否按要求完成。

（4）通报存在的问题，督促相关人员及时整改。

3．教学管理中心月查

检查人：主管领导、教学管理中心、备课组长

检查形式：全面检查

检查时间：每月25日（遇节假日顺延一日）检查一次，上午8：30

检查地点：教学管理中心

工作内容：

（1）检查内容。

①检查一月纸质个案是否手写完成，是否书写认真、布局美观；教案纸的各板块内容是否书写正确、完整；二次备课是否完成；课后反思是否及时完成；每节教学内容的教案篇幅是否达标；新授课、习题课、复习课、讲评课各类型教案是否齐全、是否达标。

②检查配套练习册是否与教案同步，是否按要求完成。

（2）检查标记。

教学管理中心在每节教学内容的纸质个案的周查标记上盖章。

（3）记录反馈。

完成《教案及练习册月查记录表（教学管理中心）》

通报存在的问题，督促相关人员及时整改。

三、幸福教师教学授课检查规范

1．早读及正课

检查人：主管领导、教学管理中心

检查形式：全面检查

检查时间：每日检查两次（早读时间及正课时间）

工作内容：

（1）检查教师是否按照课程安排表上课，是否存在私自换课、替课等现象。

（2）检查教师是否按照《教学行为规范》授课。

（3）检查教师候课情况，是否按时上课。

（4）检查早读是否有明确的学习目标，是否落实听写、默写，学生是否积极参与。

（5）检查正课教师是否着奇装、佩戴夸张首饰，是否有与课堂教学无关的行为，是否中途无故离开。

（6）课堂教学纪律是否混乱，是否让学生无故离开课堂，无人监管。

（7）完成《授课检查记录表（教学管理中心）》。

（8）通报存在的问题，督促相关人员及时整改。

2. 推门听课

检查人：主管领导

检查形式：随机抽查（每日推门听课一节）

检查时间：第1节至第8节

工作内容：

（1）检查教师是否携带教案上课，教案书写是否达到标准。

（2）检查教师是否按时候课。

（3）检查各学科学习规范是否落实。

（4）检查本课时教学目标是否明确。

（5）检查各学科课堂教学环节设置是否符合预期要求。

（6）检查课堂检测是否符合预期要求。

（7）检查板书是否及时、规范、美观。

（8）检查课堂小结是否完成。

（9）检查课后作业是否布置。

（10）完成《推门听课记录表（教学管理中心）》。

（11）通报存在的问题，督促相关人员及时整改。

3. 午休

检查人：年级组长

检查形式：全面检查，教学管理中心负责督导协调

检查时间：每日检查1次（午休时间）

工作内容：

（1）检查教师是否按时到岗。

（2）检查教师是否核对学生考勤人数。

（3）检查教师是否有序管理午休纪律。

（4）及时处理突发问题，协调解决。

（5）完成《午休检查记录表（教学管理中心）》。

（6）通报存在的问题，督促相关人员及时整改。

四、幸福教师作业评价检查规范

1. 备课组周查

检查人：备课组长

检查形式：随机抽查（按各备课组比例抽查），主管领导及教学管理中心负责督导

检查时间：每周检查一次（周三上午8：00—11：30）

检查地点：教学管理中心

工作内容：

（1）随机抽查作业批改方式是否符合要求。

（2）随机抽查作业批改次数是否符合要求。

（3）随机抽查学生是否落实改错。

（4）完成《作业周查记录表（备课组）》。

（5）通报存在的问题，督促相关人员及时整改。

2. 教学管理中心月查

检查人：主管领导、教学管理中心、备课组长

检查形式：全面检查

检查时间：每月26、27日（遇节假日顺延一日）检查一次（上午8：30）

检查地点：教学管理中心

工作内容：

（1）检查一月作业批改方式是否符合要求。

（2）检查一月作业批改次数是否符合要求。

（3）检查一月学生是否落实改错。

（4）完成《作业月查记录表（教学管理中心）》

（5）通报存在的问题，督促相关人员及时整改。

五、幸福教师教学评价检查规范

检查人：主管领导、教学管理中心、备课组长

检查范围：期中教学质量评价、期末教学质量评价、社会性考试等各级各类考试

检查形式：全面检查

工作内容：

1. 考务工作

（1）试卷编制、印制、分装是否出错。

（2）考务相关房间是否按照考务要求进行打扫、考务布置及清场恢复。

（3）考场是否按照考务要求进行打扫、考务布置及清场恢复。

（4）考务工作人员是否按时到岗。

（5）监考教师是否按时到岗。

（6）监考教师是否按照考务要求完成监考。

2. 阅卷工作

批阅试卷是否按规定时间完成。

3. 质量分析工作

（1）质量分析是否按要求完成。

（2）任课教师是否按要求完成试卷讲评，学生是否落实改错。

（3）通报存在的问题，督促相关人员及时整改。

六、幸福教师其他检查规范

检查人：主管领导、教学管理中心

工作内容：

（1）检查备课组长能否按时、保质完成教学管理中心要求的工作。

（2）检查全体教师是否在工作中出现教学事故。

（3）检查各项事务责任人能否认真完成并按时收交文档资料。

主要包括"教务常规性文档资料"（备课组工作计划、学科教学进度表、备课组工作总结、教师教学工作计划、教师教学工作总结、帮困培优相关资料、送教上门相关资料、各项检查用表等）和"教务临时性文档资料"（上级部门下发工作的文档资料、教学活动相关资料——活动方案、文字、图片、视频等过程性资料、活动总结等）。

第十四章　幸福教师教学行为考核方案

教学常规是为维护教学秩序、提高教学质量而制定的关于教学的基本规章制度，是教师职业生活的常态准则和常态要求。切实执行教学常规是提升教学质量的必要条件，是深化教学改革的重要保证，也是教师不断提高教学业务水平、学校不断提高教学管理水平的基本途径。

为了健全和完善教学管理制度，进一步深化学校内部管理改革，逐步建立起一种客观、公正、科学的评价考核机制，引导、保护和发挥我校教师教书育人的积极性、主动性和创造性，结合我校实际情况，特制定本考核实施方案。

一、考核内容

从教学态度、教学水平和教学成绩等方面对教师教学常规工作的全过程进行考核，内容包括备课、教案、授课、作业及检测等。每学期期末以每月教学常规检查汇总结果以及教学管理中心工作的落实情况作为期末的综合评定。

二、考核办法

（一）幸福教师教学研讨考核办法

按照教学行为规范完成集体备课任务每月得15分。

（1）主备人未按时完成主备任务，每人每课时扣2分。

（2）主备成果成效不好，未达到备课要求，每人每课时扣0.5分。

（3）无故迟到每人每次扣0.5分。

（4）旷课，每人每次扣4分；造成不好影响的参考《教学事故认定及处理办法》处理。

（5）未满要求时间，每人每次扣0.5分。

（6）未在规定地点完成，每人每次扣0.2分。

（7）因故未召开集体活动，当周周未补开，每人每次扣2分。

（二）幸福教师教学准备考核办法

按照教学行为规范完成教案及练习册任务每月得15分。

（1）教案书写应按照学校制式教案纸内容和格式的要求完成，认真分析教材地位、学生学情、教学目标、教学重点、教学难点，认真规划课时计划、教学课型、教学方法，认真完成教学过程、板书设计、作业设计、二次备课和课后反思，每人每节每缺一项扣0.2分。

（2）纸质个案内容少于电子共案，书写简单，每人每节扣0.5分。

（3）教案篇幅未达标，每人每节扣0.5分。

（4）配套练习册未按照要求与教案同步完成，每人每节扣0.5分。

（5）周随机抽查：迟交每人每次扣0.5分，未交一次每人扣3分。

（6）月集中检查：迟交每人每次扣0.5分，每旷一次每人扣10分。

（三）幸福教师教学授课考核办法

按照教学行为规范正常授课每月得35分。

1. 早读考核原则

（1）迟到每人每次扣0.5分。

（2）未明确早读目标，每人每次扣0.5分。

（3）早读组织无序，每人每次扣1分。

2. 正课考核原则

（1）候课迟到（以预备铃响为准）每人每次扣0.5分。

（2）上课迟到（以正式铃响为准）每人每次扣1分。迟到30分钟及以上参考《教学事故认定及处理办法》处理。

（3）课堂纪律管理不力，每人每次扣2分。组织课堂教学不力，致使课堂教学秩序混乱，造成不良影响的参考《教学事故认定及处理办法》处理。

（4）课堂教学中做与教学无关的事情，每人每次扣3分。造成不良影响的参考《教学事故认定及处理办法》处理。

（5）私自调课、替课，按《教学事故认定及处理办法》处理。

（6）教师着装不得体，每人每次扣1分。

（7）线上上课时，教学设备连续两次出现问题扣1分。

（8）线上上课时，教师不开摄像头每人每次扣1分。

（9）线上上课时，班级学生人数三分之一及以上不开摄像头，每次扣1分。

（10）课前课后没有适当的课堂礼仪，每人每次扣0.5分。

（四）幸福教师作业评价考核办法

按照教学行为规范认真批改作业每月得15分。

（1）周抽查：未达到批改质量要求，每班每次扣1分。未达到批改数量要求，每班每次扣1分。所带班级1/2学生作业批改后未改错，每班每次扣2分。

（2）月集中查：未达到批改质量要求，每班每次扣1分。未达到批改数量要求，每班每次扣1分。所带班级1/2学生作业批改后未改错，每班每次扣2分。

（3）在教学过程中，不按要求布置和批改作业，学生反映强烈的，参考《教学事故认定及处理办法》处理。

（五）幸福教师教学评价考核办法

按照教学行为规范完成评价任务每月得10分。

（1）试卷出现内容错误，出题人和审核人每人每次扣1分。

（2）试卷出现排版错误，出题人和审核人每人每次扣0.5分。

（3）备课组未按时提交试卷，备课组长扣0.5分、出题人和审核人每人每次扣0.5分。

（4）监考未按时领取试卷或铃响前未进入考场每人每次扣2分；监考迟到30分钟及以上，参考《教学事故认定及处理办法》处理。

（5）巡考无故未15分钟巡视一次，或考场记录情况未完成每人每次扣1分。

（6）监考教师填写、收卷错误，每人每场扣0.5分；未填写考场记录单每场扣1分。

（7）监考期间做与考试无关的事情，或使用手机每人每次扣1分；造成不良影响的，参考《教学事故认定及处理办法》处理。

（8）考试科目未按要求时间完成阅卷，未完成阅卷教师每次扣30元。

（9）无故拒绝监考等考务工作的，参考《教学事故认定及处理办法》处理。

（10）考务员未做好考试准备工作每次扣1分。

（11）考务员未按规定时间完成试卷扫描或上报每次扣1分。

（12）监考期间擅离职守，对学生答题进行暗示、提示，对学生违纪现象瞒报，放纵学生舞弊等，参考《教学事故认定及处理办法》处理。

（13）未按考务要求及时提交成绩及质量分析每人每次扣1分。造成不良影响的，参考《教学事故认定及处理办法》处理。

（14）考场布置考核原则：

未按规定时间及要求完成考场布置每人每次扣0.5分。

未按规定时间检查考场布置情况并上报每人每次扣0.5分。

（六）幸福教师其他检查考核办法

按照教学行为规范保质保量完成文档资料任务每月得10分。

（1）延迟完成每人每次扣0.5分。

（2）完成内容不符合要求，每人每次扣1分。

（3）未完成一次每人扣2分。

（4）不及时上交相关材料，经催促后仍不及时上交，影响学校整体工作造成后果的，参考《教学事故认定及处理办法》处理。

（七）教学事故考核办法

按照《教学事故认定及处理办法》处理。

三、考核标准

教师保质保量完成教学常规工作每月得100分，未完成或出错则累加扣分。学期末在绩效考核工资中体现。

第十五章 幸福学校教育教学管理创新的实践探索

教育是国之大计，党之大计。"幸福课堂"理念落地，对学校管理提出了巨大的考验。仰望星空，创新学校管理；脚踏实地，践行办学举措。

我校严格按照相关工作要求，积极谋划，扎实有效开展工作。学校结合"拥抱每个孩子，拥抱未来世界"的办学理念和创办"师生幸福的百年名校"的办学目标，积极开展教学工作，多元化、多维度做好"课后服务"工作。在教学工作开展过程中，以培养素养全面、特长明显、勇于创新、敢于担当的时代新人为阶段目标，实现素质教育和应试教育的完美结合；以培养学生学会生存、学会做人、学会学习、学会与人相处的综合素养为长远目标，让每位孩子更好地立足社会，更好地成才。

下面从六个方面介绍我校教育教学管理创新的实践探索。

一、健全组织机构，明确工作分工，全力保障教学工作高效开展

为切实做好"双减"工作，结合我校实际情况，制定了《沣东新城第一初级中学教学工作实施方案》《沣东新城第一初级中学"课后服务"工作实施方案》等制度，建立了以校长为组长的教学工作领导小组，明确分工，夯实责任。

工作领导小组下设办公室，办公室设在教学发展中心，教学管理中心主任兼任教学工作领导小组办公室主任。根据教学工作任务及各业务室职责分工，下设教育教学质量提升、学生素养提升、教师专业研修提升、课后服务、宣传报道5个专项工作组。

（一）教育教学质量提升组

主要职责：按照教学要求，统筹学校"幸福课程"（启明课程、旭日课程、阳光课程、彩虹课程、云舟课程）建设，注重学生德智体美劳全面发展，打造特色育人课程体系，采取有效方法，减负增效，提升教育教学质量。

（二）学生素养提升组

主要职责：按照教学工作要求，做好阳光课程（社团课程）、彩虹课程（俱乐部课程）、云舟课程（德育主题课程）三大类课程的组织实施，让每位学生掌握终身受益的技能，切实提高学生的综合素质。

（三）教师专业研修提升组

主要职责：创新教师培训模式，提升教师专业技能。通过专家导师制、名师驻校制、校本研修培训制，搭建项目化专题培训平台，助力教师专业素养的提升。

（四）课后服务组

主要职责：严格按照"1+S+4"课后服务实施方案，扎实有序开展课后服务。让每一位学生幸福地成长，品质得到提升，能力得到提高，学业得到发展，成为一名综合素养全面的优秀中学生。

（五）宣传报道组

主要职责：充分利用学校微信公众号、家长群等，做好课后服务、教育教学提升、学生素养提升等宣传工作，让家长认可、满意，增强学校影响力。

二、创建幸福课程体系，实现"五育融合"，提升育人质量

依据教学政策，我校注重学生德智体美劳全面发展，打造特色幸福课程体系。幸福课程体系旨在以学生为本，注重学生德智体美劳全面发展。课程分为五类，分别是启明课程（基础）、旭日课程（拓展）、阳光课程

（社团）、彩虹课程（俱乐部）、云舟课程（德育）。通过特色幸福课程的开设，促进学生全面发展，为学生终身发展奠基。目前，我校阳光课程（社团）学生参与率100%，人人有社团，人人学技能，人人有特长，让学生三年内至少学会三项技能。科学完善的课程体系受到学生和家长的一致好评。

三、创新教师培训模式，构建教师成长新生态

教师的专业技能是教学工作的关键因素，为切实做好教学工作，实现减负增效目标，我校创新教师培训模式，构建教师成长新生态。通过专家导师制、名师驻校制、校本研修培训制等，搭建项目化专题培训平台，助力教师专业素养的提高，有效地提升了教师专业技能和职业幸福感。目前，我校已经聘请14名省市级教学能手、骨干教师和学科带头人担任语文、数学、英语、道德与法治、历史、地理、生物、音乐、美术、体育、信息技术等学科驻校教研员，对教师进行手把手专业化辅导。

四、构建德育管理新体系，助力学生全面发展

德育管理是实施教学工作的有效抓手。我校自创"三学会"特色德育主题教育。"三学会"即学会微笑，拉近心灵距离；学会学习，打开成长之门；学会感恩，开启美好人生。目前，学生最大的变化是由原先的害羞胆怯变为现在主动向老师问好和打招呼，变得更加自信，更加阳光，受到学生和家长的一致好评。同时，为提升班主任培训实效性，我校聘请省市优秀班主任为导师，进行项目化培训，全面提升班主任管理能力。

五、科学规划作业设置，有效提升育人效益

为了切实减轻学生课业负担，我校制定了《沣东新城第一初级中学关于减轻学生课业负担的实施办法》，成立了"减负"工作领导小组，创新作业形式，实施"1+X"作业设计。所谓"1+X"，"1"为传统纸质版限时作业；"X"为素质拓展类作业，以阳光课程（社团）为基础，利用课后服务和晚上在家休息时间，充分结合社团课程开展素质提升活动，让学生不但文化课学得好，综合素养更好。

同时，我校将作业设计纳入学校的教研工作体系，健全了听评课制度、

集体备课制度、课题研究制度等。定期组织学科教师对各学科、各年级的作业进行研讨交流。坚持每周每学科进行一次集体听评课活动，每周进行一次集体备课活动，每周进行一次学科教研活动，不断优化作业设计，有效提升作业质量，实现作业育人功能。

六、扎实开展课后服务，打造学校办学特色

为扎实做好课后服务，我校制定了《沣东新城第一初级中学关于做好学生"课后服务"的工作实施方案》，采用"1+5+S+4"的课后服务模式，致力让学生实现课后服务的闭环，让学生受益，让家长满意。

"1"指作业辅导：每周星期一、星期三、星期五，教师对参加课后服务的学生进行作业辅导；对学优生进行学法指导提升，对待优生进行学习帮扶，最大限度满足孩子的不同需求。

"5"指五个保障：通过教育教学质量提升、学生素养提升、教师专业提升、课后服务、宣传报道5个专项工作组有效保障工作的实施。

"S"指素质拓展类活动：每周二、周四开展基于学校"彩虹"课程体系下的"微学习"活动、项目化学习、学科特色活动、社团活动、专题教育等，全面促进学生综合素养的发展。

"4"指四方评价，即学生评价、家长评价、教师评价、学校评价，通过四方评价，多角度、多元化保障课后服务高效开展。

"课后服务"开展以来，教师参与率为100%，学生参与率为100%。"课后服务"工作得到了家长的一致认可。

七、家校共育，静待花开

家庭教育一小步，学生教育一大步。家校共育，关键在"共"，目标在"育"。学校和家庭的互相配合程度影响孩子的成长和发展。家校合作协同育人，才能共筑孩子美好未来。一直以来，我校非常重视家校共育工作，通过各种活动促进家长育人理念的提升。例如，多次组织开展了"云周课程——家长大讲堂"活动，提升家长育人理念，让家长走进校园，了解学校办学理念和办学目标，从而认可学校，支持学校的发展。"家长大讲堂"活动深受家长的好评。此外，我们还通过学校微信公众号每周推出具有先进教

育理念，启发性、操作性、可读性强的家校共育类推文。家校共育，共筑孩子美好未来。

我校将仰望星空，脚踏实地，规范办学，进一步创新学校管理工作思路，加大教育融合和探索力度，在总结教学工作经验的基础上，开拓进取，实践创新，为将学校打造成为现代化公办优质学校而努力。

第十六章　幸福学校教学管理制度保障

基于幸福学校创建要求，结合学校实际，为加强领导干部作用，狠抓教学常规，提高课堂教学有效性，特制定领导巡课、推门听课制度以及课后服务工作实施方案。

一、领导巡课、推门听课制度

（一）活动目的

优化课堂监控体系，通过巡课、推门听课了解教师执行教学常规和课堂常态，推动课堂教学改革，提高教学效益，构建优质高效课堂。

（二）活动内容

（1）巡课。

对正在进行的课堂教学（包括早、午自习）进行巡查，主要针对授课教师是否提前候课、是否旷课、是否迟到早退、是否私自换课等情况进行检查评价。巡课人员一般在教室外巡查，不进入教室。

主管教学副校长、教学管理中心主任、教师发展中心主任每天常态化巡课，其他非教学业务领导按行政值班安排巡课，填写值班记录，教学管理中心每周向全校反馈；如遇突发情况及时处理，并以信息快报的形式反馈校长知晓。

（2）推门听课。

随机、随堂听课，听整节课，及时了解教师常态课、家常课情况，以及教师落实学校有关教学要求情况。

听课中主要关注教师授课内容与教案内容、教学进度是否一致，是否落实"先学后教、先做后教、先批后讲"的要求，是否让学生有表达、质疑、探究、合作、训练、评价的时间和机会，以及知识与技能、过程与方法、情感态度价值观目标实现程度。

推门听课一般以领导班子集体听课方式每周随机、随堂进行。课后，本学科专业的领导现场检查教案，检查作业批改情况，并与授课教师交换意见，提出改进建议，示范引领，指导帮扶。

（三）工作要求

（1）每学期学校中层以上领导听课应不少于40节，其中每周集体推门听课2节，剩余任务以个人单独听课或校级公开课听课等形式补齐。

（2）领导听课需使用学校统一印制的《观课议课记录本》，认真填写各板块内容，重点针对课堂教学中存在的问题提出改进意见，规范书写，字迹清楚。

（3）依据相关部门以及学校相关教育教学管理文件和要求，着重从教案管理、课堂教学、作业管理和课外辅导等方面进行客观、公正的听课评价，指出存在的问题，提出建设性意见，帮助教师反思提高，促进教师教学水平不断提升。

（4）教师发展中心定期汇总听课情况，并报校长。

二、课后服务工作实施方案

为落实《西咸新区沣东新城中小学生课后服务工作实施细则的通知》文件精神，满足学生课后服务需求，完善服务体系，解决学生和家长的实际困难，认真做好学生放学后服务工作，帮助家长解决无人看管、无力辅导等实际困难，避免监管盲区，减少意外事故，促进学生健康成长，现结合我校实际，制定本实施方案。

（一）领导机构

为统筹做好我校课后服务工作，调动学生、家长、教师的积极性，建成家长支持的课后服务工作机制，提高课后服务的实效性，特成立西咸新区沣东新城第一初级中学课后服务领导小组。

组长：陈健（校长）

组员：牛婷、马鑫、蒋强

领导小组的工作职责：

（1）制订好课后服务方案，落实具体的活动小组，提出明确的活动要求。

（2）每天查看课后服务实施情况，根据实施情况及时总结，及时调整有关课后服务项目和内容，努力使课后服务工作富有成效。

（二）指导思想

落实《西咸新区沣东新城中小学生课后服务工作实施细则的通知》文件精神，促进学生健康成长，不断提高我校教育教学质量，创办师生幸福的百年名校。

（三）基本原则

课后服务工作遵循"家长自愿，校内实施，有效监管"的原则。

（1）学校事先征求家长的意见，主动告知服务方式、服务内容、安全保障措施，在自愿的前提下，由家长向学校提出书面申请。

（2）课后服务场所安排在校园内，充分利用学校现有教室、运动场地、功能室等场所开展课后服务工作。

（3）完善安全管理制度，切实保障参加课后服务学生的安全；制定并落实严格的考勤、监管措施；在原来晨午检基础上增加晚检，也就是将一日两检改为一日三检。

（4）将教师课后服务工作情况纳入学校正常教育教学活动管理。

（四）工作安排

（1）课后服务对象为家长提出书面申请，学生自愿参加的初一年级、初二年级学生。

（2）课后服务时间为每周一至周五下午18：00—19：00。

（3）家长和学生提出书面申请，班主任审核确认后方可参加。参加学生要严格遵守学校各项规章制度。

（4）课后服务内容主要有以下几种形式：在教室自主学习、完成作业、答疑辅导、课外阅读、项目化学习、社团活动、兴趣小组活动、综合实践活动等。对学有困难的学生进行个别帮扶，对学有余力的学生加强提升指导。安排学生参加各种社团和兴趣小组活动。

（五）收费标准

坚持非营利原则。严格按照西安市教育局等五部门《关于我市中小学课后服务收费事项的通知》文件执行。聘请家长委员会监督课后服务费的管理工作，按照教育局要求及时上报费用收缴使用情况，定期向家长公布。

（六）保证措施

（1）加强教师管理。

课后服务的教师要树立正确的教育观和学生观，为人师表，关心、爱护学生；按照规定时间组织活动，做到不迟到、不早退；做好学生的考勤和交接工作，加强学生安全教育和管理；督促学生认真完成作业，组织开展兴趣培养、思想品德教育、社会实践等方面的教育活动；主动与家长、班主任取得联系，及时反馈学生情况，按要求在班级日记中如实填写课后服务情况。

（2）加强学生管理。

学生应在规定区域内活动，有事必须向老师请假。室外活动时，要服从指挥，保障安全；要讲文明礼貌，爱护公共设施，保持公共卫生，创造整洁、优美、安全的学习生活环境；要积极参加学校组织的兴趣培养、思想品德教育以及社会实践活动；提前离校回家必须由家长向班主任提出申请，由班主任委托课后服务老师办理请假离校手续。

（3）完善工作考评机制。

课后服务工作纳入教师综合量化考评，加强监督检查，杜绝不作为、慢作为现象。体现学生和家长对课后服务的评价权重，将教师的课后服务工作情况同绩效挂钩。

（4）完善评估反馈机制。

学校将在学期中、学期末的家长、学生调查问卷中设计针对课后服务的问卷调查问题，调研、评估课后服务开展情况，促进课后服务工作的落实。

第十七章 "135师生幸福课堂"实施方案

西咸新区沣东新城第一初级中学是一所高起点、高标准、高品质的新型现代化城市学校。学校秉持"拥抱每个孩子，拥抱未来世界"的办学理念，坚定"师生幸福的百年名校"的办学目标，树立"素养全面、特长明显、勇于创新、敢于担当的时代新人"的培养目标。学校开办以来，以构筑高效课堂为导向，在课堂教学中积极倡导"少讲多学、精讲多练、小组合作"的教学方式，取得了一定成绩，但是与理想课堂还有一定的差距。在教育发展新形势下，我校对课堂教学进行全新的改革，以全面提升学校教育质量、育人水平和学业成绩。

一、总体目标

沣东新城第一初级中学以"师生幸福的百年名校"为办学目标，努力构建幸福课堂，提升师生幸福感，追求学生幸福的教育作为，改变传统课堂教与学的关系。

在新课程标准实施背景下，我校提出创建"135"师生幸福课堂，主要有以下目标和构想。

（一）一个目标：师生幸福的百年名校

我校着手构建幸福课堂，是实施"师生幸福的百年名校"目标的具体实践，旨在提升师生幸福感，改变传统课堂教与学的关系，使教师享受到教书育人的快乐，使学生享受到学习生活与成长的幸福。

围绕"师生幸福的百年名校"这个总目标，在课堂教学改革方面的总体设想是：以义务教育新课标和教材为依据，以学生为主体，以问题导学为主线，以培养学生的思维方式、创新精神和实践能力为根本宗旨，倡导自主、合作、探究的新型学习方式，构建"师生幸福课堂"教学模式；注重学生的主体参与，体现课堂中学生的自主、合作与探究，实现高度的师生互动和生生互动，关注学生的兴趣、动机、情感和态度，突出学生的思维开发和能力培养；针对学生的不同需求，实行差异化教学，面向全体，分层实施，以达到教师幸福地教和学生幸福地学的境界。

（二）构建"三五"幸福课堂教学范式

1. 遵循《中国教育现代化2035》文件精神

《中国教育现代化2035》是我国以教育现代化为主题的中长期战略规划，是新时代推进教育现代化、建设教育强国的纲领性文件。

我校将努力遵循《中国教育现代化2035》中长期战略规划提出的"发展具有中国特色、世界水平的现代教育"战略任务，明确学生发展核心素养要求，丰富并创新课程形式，围绕创新人才培养方式，积极推行启发式、探究式、参与式、合作式等教学方式以及走班制、选课制等教学组织模式，培养学生创新精神与实践能力。

2. 确定师生幸福课堂的三个特质

在幸福课堂的核心基础上，明确这种新型课堂的内在特质为"必须以幸福为核心，涵盖新时期倡导的关于学生必备的基础能力"，突出自主的幸福、交往的幸福、担当的幸福三个特质，使教师收获教的幸福，使学生感受到学的幸福。

二、基本原则

（一）统一性原则

遵循"立德树人"宗旨，落实"先学后教、以学定教、少教多学"的课改理念，建立学习小组，体现自主、合作、探究的学习方式，注重当堂检测反馈。

（二）差异性原则

我校各年级全面实施幸福课堂教学模式改革工作，任课教师结合学段、班级、学科、课型，边实验，边总结，边改进，边提高。

（三）兼容性原则

融合教育部"课堂革命"和"双减"政策、陕西省教育厅"三个课堂"行动、西咸新区深化课程改革，助推教师专业能力发展，促进教学方式变革，创设多元学习空间思维型教学理论。在积极践行师生幸福课堂的改革中，融合"课堂革命"的理论和理念，兼收并蓄，丰富教育教学理论和思想方法，使教学改革理论准备更充分，实践更丰富，成果更丰硕。

（四）教为主导，学为主体原则

构建师生幸福课堂，教师必须转变教育观念，实行启发式和讨论式教学，激发学生独立思考和创新的意识，切实提高教学质量。教师应积极落实"教为主导，学为主体"的教学原则，改变"满堂灌""注入式"陈旧方式，积极实践"学生主动参与、合作探究、乐于剖析、勤于动手"的学习方式。

教师主导，重在设计内容方法与教学组织方式，引导教学方向；重在培养学生兴趣，提高学生自主钻研获取知识的能力，合作探究解决各学科、社团课程以及社会实践拓展课程中具有挑战性的问题的能力、创新思维能力、收集处理信息的能力、获取新知识的能力、分析和解决问题的能力、语言文字表达能力以及团结协作和社会活动的能力。

学生主体，就是要改变传统的以"粉笔＋黑板"灌输理论的教学方式。在教学形式上充分利用多媒体资源进行教学，在教学方式上主要采用引导启发式、讨论式、范例式、项目化、模拟式等多种教学方法，激发学生学习的积极性、主动性和创造性，使学生由被动学习转变为主动求知。

三、幸福课堂价值体系与实施路径

（一）价值体系

心理学家张梅玲经过研究发现：幸福的本质是个体目的性和价值性得到实现，即自我认同和个体意义的获得。教师的职业幸福感是教师工作的动力和精神支柱。高度幸福的老师在组织教学活动时，会将更加饱满的态度和满腔的热情投入学生的成长发展。在这种状态下，教师会在工作中收获立德树人的成就和受学生爱戴的快乐，实现人生价值。

（1）幸福课堂，就是在课堂上教师创造有利的条件，为学生提供不同的学习机会和平台，引导学生在充满自主性和愉悦感的情景下自主地掌握知识，形成技能并体验成功感和自豪感。

（2）幸福课堂，也是"快乐与意义"的结合，是"当下与目的"的交融，是既能让学生愉快地学习，又能获得知识、形成技能、掌握方法、养成习惯、升华情感的课堂。

（3）"愉悦的幸福""满意的幸福"是幸福课堂的核心价值。愉悦的幸福包括自主、平等、和谐、有趣、分享、满足等价值元素，满意的幸福包括激趣、思维、素养等价值元素。每一种价值元素的具体表现如下：

自主：乐于提问，勤于思考，敢于质疑，学会在真实情境中发现问题、解决问题，具有探究能力和创新精神。

平等：课堂上，师生、生生之间相互尊重和信任，教师包容学生个体差异，为每位学生提供均衡的学习机会，鼓励学生提出不同意见和观点。

和谐：课堂氛围融洽，师生有笑容，课堂有笑声。乐学善学，保持好奇心与求知欲，形成积极的心理品质，具有抗挫折能力。

有趣：创设有趣的教学情境和氛围，激发兴趣，保护求知欲。

分享：具有基本的合作能力和团队精神，善于沟通，课堂上有较多的师生、生生交流活动，学生学会正确评价他人成果。

满足：引导学生自主获得知识，每位学生在每次教学中都有收获，教师善于运用"不断进步就是优秀"的标准来评价学生，使学生获得内心成就感。

激趣：学生有持续的学习兴趣。

思维：学生有良好的思考习惯，思维的灵活性、深刻性、逻辑性、批判性、广泛性具有优势。

素养：学生的表达能力、独立解决问题能力、合作交流能力、评价判断能力显著增强。

价值：学生学会欣赏、包容、帮助、敬畏、感恩，为形成正确的幸福观奠基。

（二）实施策略

以体现幸福课堂的核心价值为旨归，构建起幸福课堂的实施策略。

基本原则：创建凸显"幸福点"的教学文化。

教师在备课时，不但要考虑这节课的重难点，还要结合教学内容和学生的实际情况等设计本节课的"幸福点"，并通过有效的教学方式和手段去达成。

针对"不同层次学生"设计幸福点，让所有学生能够在幸福课堂中找到成功的支点，从而产生愉悦和成功的学习心理体验。

幸福点的设计，促使教师重新审视自己的课堂，深刻领会要把课堂教学当作引领孩子追求幸福的过程。

（三）实施路径

沣东新城第一初级中学以课程创新推动课堂教学改革的行动涉及以下两个路径。

1. 学科突破（实验研究）

选择语文、数学、道德与法治、生物、历史等学科，以课题引领方式，创造条件先行实验探索，在学科实践中摸索"135师生幸福课堂"的实施策略与方法，探索学科内不同课型的幸福课堂推进模式。在初步总结成功经验的基础上，全学科推进。

2. 校级实施（强力推动）

依靠行政强力推动"135师生幸福课堂"，学校所有学科以教研组为单位，统领该学科幸福课堂学科实施计划，按照不同年级分别研究"135师生幸福课堂"学科内不同课型的模式构建，阶段总结，成果分享，不断深化。

（四）评价指标

课堂评价对课堂教学的发展方向起着极其重要的牵引作用。

幸福课堂的评价必须从"仅仅关注知识获得"走向"关注人的整体的和谐发展"。

幸福课堂的评价，既关注学生的发展，又关注教师的成长，两者相得益彰，凸显了学生作为课堂主体在幸福课堂中的地位。幸福课堂直面学生存在的个体差异，特别强调以"不断进步就是优秀"重新定义"优秀"的标准，进而体贴、尊重和激赏每一个生命个体，以最淳朴、最温柔、最善良的方式对待每一个鲜活的生命。

幸福课堂评价指标

一级指标	二级指标	评分细目及说明	总分	得分	扣分
课堂结构（5分）	合理	复习或导入精准，教师组织学生围绕目标进行学习、探究不少于10分钟，总结分享或练习不少于10分钟	5分		
学生（40分）	合作	（1）小组分工明确，有小组长、记录员、汇报员（5分） （2）组员能在小组长组织下积极有序地开展合作探究活动（5分）	10分		
	表达	（1）参与面大，发言较踊跃（4分） （2）交流讨论时能尊重同学，善于倾听别人的意见（3分） （3）能正确客观地向他人提出不同的意见或作适当的补充（4分） （4）发言声音洪亮，表达清晰流畅（4分）	15分		
	展示	（1）组内展示充分、有序；组间展示竞争充分，规范有序（5分） （2）能阳光自信地向同伴展示合作探究的成果（10分）	15分		
教师（35分）	学习目标	（1）学习目标全面、具体、准确（5分） （2）能紧密围绕学习目标开展教学（2分） （3）能适当进行幸福观的渗透（3分）	10分		
	问题设置	合作学习的问题设置具体，指向明确，激发动力（5分）	5分		

续表

一级指标	二级指标	评分细目及说明	总分	得分	扣分
教师（35分）	教学流程	（1）问题导向、探究发现、实践运用、总结分享等环节清晰（3分） （2）精心安排合作学习的最佳时机，合作探究充分（2分） （3）课堂结构符合学科特点，学科味浓（5分）	10分		
	组织调控	（1）能营造民主、和谐、愉悦的学习氛围（3分） （2）能用"不断进步就是优秀"的标准鼓励学生积极参与（2分） （3）课堂上师生交流、对话流畅（2分） （4）活动时间分配合理，老师讲解时间不超过25分钟（3分）	10分		
效果（12分）	目标达成	（1）学生能围绕学习目标进行当堂训练，目标达成率高（3分） （2）学生对学习保持比较浓厚的兴趣（3分） （3）有良好的思维习惯（3分） （4）在学习中逐步学会包容、敬畏、感恩、帮助等（3分）	12分		
作业（8分）	巩固提升	作业指向明确，形式多样，有探究性、实践性或综合性（跨学科）	8分		
简评			总分		

（五）教育教学理念

1. 教育观

学校、教师的教育活动是关注学生成功的活动。关注每个孩子，激励每位学生，坚信每个学生都有潜力，相信每个学生都能成功，每个学生都阳光、幸福。

2. 教学观

为了学生的一切发展。课堂教学是在种种因素相互作用的情境中进行的。教学是探究、理解教材的认识形成与发展的认知活动，是在与他人的交往中发现不同见解、感受学习沟通方式和社会交际的社交活动，是自我启发、自我发展的内省活动。教师要努力创造适合学生有效学习的教学活动。幸福课堂是参与的课堂、体验的课堂、思维的课堂、对话的课堂、分享的课堂。

3. 学生观

学生与教师是平等的，是有潜力的，是有差异的，是不断发展的。

4. 幸福观

成功只是手段，幸福才是目的。幸福比成功更重要。学生的幸福是在课堂中各种成长的正当意愿、需求得到合理满足的基础上产生的。能让学生享受到学习的幸福，获得满足的课堂才是真正的幸福课堂。

四、具体措施

1. 加强新课标培训学习，转变教育教学思想，更新教学观念

开展专题培训、交流，并对教师的自主研读笔记和学习心得体会进行常规检查考核。通过理论学习，教师转变七种观念，树立七种意识：

（1）由重传授向重发展转变，树立目标意识。

（2）由统一规格教育向差异性教育转变，树立个性教育意识。

（3）由重教师"教"向重学生"学"转变，树立主体意识。

（4）由重结果向重过程转变，树立训练意识。

（5）由单向信息交流向综合信息交流转变，树立反馈意识。

（6）由居高临下不和谐向平等融洽转变，树立情感意识。

（7）掌握幸福课堂教学模式的理念和实施策略，熟练掌握其基本特点、基本流程和实施要求，在此基础上由教学模式化向教学个性化转变，树立特色意识。

2. 加强集体备课和集体教研，努力提高教学预设水平

根据新课程的基本理念和幸福课堂实施要求，教学预设应明确学生的学习目标，突出教学设计的环节，通过集体备课和集体教研，落到实处。除每周在规定时间、地点集体备课或集体教研1次，讨论下一阶段教学内容、

进度，探讨教材教法、重点难点疑点外，还可以不拘形式、时间和地点，及时开展研讨活动。开展丰富多彩的教研活动，搭建教师研修和展示平台。此外，强力推进校本教研活动，形成相互听课制度，教师每周必须听2节课。听课后及时开展评课活动，及时与授课老师交换意见。

3. 加强师生交往，建立民主、平等、和谐的师生关系

教师必须更新观念，转变自己的角色行为，从知识的传授者转变为学生学习的组织者、引导者和合作者。教师必须把学生视为"发展的人""有个性的人""有独立意义的人"。在幸福课堂的师生交往过程中，要求教师必须在平等的原则下，具体做到以下几个方面。

（1）理解学生。

走进学生的内心，洞悉学生的喜怒哀乐，了解学生的兴趣爱好，适应学生活跃的思维和变化的情绪，站在学生的角度看待学生的需求和期待。在学生的学习和生活出现困难时及时给予精神和物质的帮助。

（2）尊重学生。

尊重学生的人格尊严，积极鼓励和肯定学生的进步，对学生充满信心，让学生拥有学习的主动权，给他们自主选择学习内容、学习方法、自我安排学习时机的机会，教师和学生互教互学，形成真正的"学习共同体"。

（3）包容学生。

善于倾听学生的不同意见，课堂上允许学生出错，并鼓励、帮助学生改正错误。对学习有困难的学生不歧视、不厌弃，诲人不倦、耐心帮助、期待进步。

4. 落实幸福课堂教学方式的变革，开展师生教学互动，促使学生主动探究

所谓教学互动，就是把教学过程看作是一个动态发展的教与学相统一的交互影响的过程，就是把教学活动看作师生之间进行的一种生命与生命的交往、沟通的过程。

（1）开展课前预习活动。

新课标强调课前的预习。预习本身就是一种自主探究。任课教师课前组织学生开展有效的预习活动，采用多种形式布置预习提纲或预习练习，促使学生预习，并在课前或课堂上进行适当的检查。

（2）设置学习目标。

根据课程标准、教学内容和学生实际情况确立每堂课的学习目标，目标要具体、明确、有层次、可操作，既要有知识、能力目标，又要有情感、态度、价值观目标。学习目标可在预习提纲中呈示。

（3）创设情境并设问。

围绕学习目标创设具体、生动、形象的教学情境，采用多种手段和形式（小黑板、现代教育技术、实物、图示等）呈现教学情境，激发学生思考、探究的兴趣和热情。同时，设置有层次，能促使学生探究的问题，设问应具体指向教学目标的达成。

（4）诱思探究。

启发、组织学生开展合作、探究、自主性学习活动。每堂课至少组织学生开展2次小型讨论活动。教师提问学生在10人次以上。教师讲授总时间控制在15分钟左右，学生思考、探究时间不少于25分钟。

5. 教学反思

结合课堂教学实践，每位教师除课后及时反思外，每学期至少写2篇教学反思，每篇字数不得少于1000字。期末考核后收集、整理、装订成册。

6. **开展幸福课堂专项"微课""微型课"竞赛活动**

要求每位教师每学期制作2堂微课、1个微型课作品，分学科进行比赛。

7. **开展"幸福课堂"研讨课、公开课、示范课活动**

每学期开展教研组内"幸福课堂"研讨课活动，在此基础上按一定比例推出"幸福课堂"公开课活动，要求教师每人准备一节课，在组内反复打磨，形成精品在全校展示，精心打造教学能手和校级名师，推荐优秀课例在新区和市级展示，促进区级和市级教学能手脱颖而出。

8. **大力开展"幸福课堂"项目化校级课题研究**

教师每个学年都要申报"幸福课堂"主题校级项目化教学研究课题，教师发展中心监督、培训学习，使其研究能够顺利开展，从而达到预期的效果，学校遴选优秀校级课题申报新区或市级课题。

9. **申报"幸福课堂"专项研究省级科研规划课题**

在实践推进基础上，由罗理想主任领衔，各处室主任为成员的科研团队将论证申报"'幸福课堂'实践研究"省级科研规划课题。

学校鼓励各学科组、教师个人幸福课堂研究成果（论文、教学设计、教学随笔等）在报刊、网络媒体发表。

为配合课题成果结集出版和推广，学校将在教师科研成果征集基础上，申请出版"幸福课堂"研究专著。

通过课题引领，行政推动，确保本项目科研与实践稳步推进，取得相应的成果。

五、基本保障

（一）成立"幸福课堂"教学改革领导小组，加强此项工作的领导

组　长：陈健

副组长：杨光玮（教师发展中心主任）

成　员：

毛翼龙（教学管理中心副主任）

王　仪（教学管理中心副主任）

牛　婷（学生成长中心副主任）

蒋　强（安全与后勤服务中心副主任）

刘崇坤（教学管理中心副主任助理）

高　静（行政管理中心负责人）

（二）科研团队

省市学科专家和驻校教研员。

（三）相关制度

随着课程改革的深入实施，根据实际需要，制定新的管理办法和有关制度以确保"幸福课堂"项目顺利实施。例如，制定《"幸福课堂"校本实施方案及实施细则》《"幸福课堂"教师教学考核评价方案及实施细则》。

（四）评价机制

学校将出台"幸福课堂"教学改革监督、评价机制。主要从以下几个方

面进行监督评价：一是教师参与课改的态度；二是教师课堂教学情况；三是教师学习和参加活动的情况；四是学生抽测、质量检测情况；五是教师对课改的反思改进情况；六是统考学科教师成绩达标情况。对于课改考评不达标的教师，不评优，缓晋级。

（五）奖励机制

学校将出台"幸福课堂"教学改革奖励机制。评选教学改革先进个人。评选"幸福课堂"实验工作学科优秀教师。学科优秀教师必须有自己的"幸福课堂"教学模式，并且能够在全校进行推广。评选"幸福课堂"教学优秀课例和教学设计。召开"幸福课堂"改革工作经验交流会和课改工作展示会。对在课改工作中做出突出贡献的领导、教师进行表彰奖励。学校将每年拿出一定的经费用于"幸福课堂"课堂教学改革工作。

"幸福课堂"教学改革工作是沣东一中今后一段时期（2~3年）的重点工作，所有教师一定要高度重视，积极参与，加强学习，转变思想观念，不断研究课堂，研究学生，真正做到减负增效，使"幸福课堂"成为理想课堂、高效课堂、优质课堂，让学生的综合素养得到有效提升，教学质量、学业成绩得到显著提高。

幸福教师评教调查表

各位家长、同学：

西咸新区沣东新城第一初级中学以服务广大市民，办人民满意的教育为宗旨，以服务型教育为办学理念。为全面提高教师教育教学水平，加强教育教学常规管理的规范性，更好地服务学生，服务家长，服务社会，特开展此次期中评教工作。本次调查采用匿名形式，请各位家长和学生认真填写评教调查表，对各位老师进行客观、公正的评价。

一、专项评价

评价指标		评价标准	学科分值（评分标准：优7~10；良4~6；差0~3）										
			语文	数学	英语	物理	政治	历史	地理	生物	音乐	体育	美术	信息
教育理念	三个"第一"（10分）	教师在教学和与学生交流过程中，始终坚持学生身体第一、品质第一、能力第一、分数第二的原则，做到素质教育和应试教育完美结合												
教学模式	探究式（10分）	教学中以学生为主体、教师为主导，学生能自觉地、主动地探索，掌握认识和解决问题的方法和步骤												
	合作式（10分）	课堂上教师充分引导、指导学生，开展师生间、生生间的合作研讨学习模式，学生能在知识、技能各方面得到训练												

续表

评价指标		评价标准	学科分值 （评分标准：优7~10；良4~6；差0~3）										
			语文	数学	英语	物理	政治	历史	地理	生物	音乐	体育	美术	信息
教学模式	启发式（10分）	以问题为导向，以学生为中心，启发学生思考；内容包括作为导向的问题、团队合作与自主学习、教师指导、自我评价与小组评价各环节												
教学质量	课堂（10分）	教师在课堂教学过程中能把握深度、广度、密度和梯度，善于取舍，课堂教学简捷有效												
	练习（10分）	核心问题精讲，思路方法精讲，疑点难点精讲，重点题型反复讲、反复练												
	检测（10分）	根据教学进度，有计划地进行"周评价""阶段性评价""总结性评价"，评价内容有梯度，能及时对评价结果进行有效诊断，并能给出行之有效的应对策略												
	特色（10分）	能依据学科特点，在完成教学任务的基础上，设计形式多样的学科特色活动，让学生去感受、实践和体验，培养学生核心素养												

续表

评价指标		评价标准	学科分值（评分标准：优7~10；良4~6；差0~3）										
			语文	数学	英语	物理	政治	历史	地理	生物	音乐	体育	美术	信息
服务意识	关爱学生（10分）	尊重、关爱学生，关注学生思想情绪动态，帮助学生养成良好的行为习惯，无体罚和变相体罚学生现象，做到为每位学生的全面发展服务												
	尊重家长（10分）	与家长沟通热情周到，用语得当，行为得体大方，能及时解决家长问题，正确处理好与家长的关系												
总计														

二、综合评价

1. 我最喜欢的老师及原因
2. 西咸新区沣东新城第一初级中学，我想对你说：

_____

_____

_____

_____

三、结语

感谢参与此次评教调查活动，谢谢配合！

幸福地教

——助力教师专业发展

第十八章　幸福教师研修培训

一、微型课赋能教师幸福成长

随着教育的不断发展，课程改革不断进行，微型课逐渐成为教师专业技能测评最主要、最有效的评价方式。如何认识、理解微型课，上好微型课，对教师的专业素养发展有着至关重要的作用。下面从为什么研究微型课？什么是微型课？怎么上好微型课？微型课与三类课型（微课、公开课、说课）的差异以及微型课教学设计模板、评分标准等几个方面进行介绍，助力老师更好地上好微型课，实现教师专业成长。

（一）研究背景（为什么要研究微型课？）

微型课不仅仅是一种有效提升教师学科专业能力、提升教育教学质量的有效校本研修方法，更是教师资格考试、教师招聘、教师职务晋升和课堂评优最科学、最有效的测评形式。微型课注重教师的综合素养考查，客观评价教师的专业教学能力。教师需要在有限的时间内完成一堂教学环节完整的课堂教学，在无声的教学环境中，要体现教学以学生为中心、以教师为主导的教学理念。让课堂成为学堂，成为立德树人的主阵地。

（二）对微型课的理解

目前，关于微型课的定义比较多，要准确地理解微型课，必须从以下几个方面入手。

1. 微型课的定义

微型课一般指用10～20分钟为某一个知识点或一节课的某一方面内容进行完整教学环节授课的授课方式。

2. 微型课的用途

微型课属于"经济实用型课",对教学场地、教学设施、教学环境等要求较低,而且较短时间内能够有效测评出教师专业能力。经常用于教师资格考试、教师招聘、教师职务晋升和课堂评优等技能测试。

3. 微型课的分类

(1) "有生"授课:授课时,有少量学生和3~5个评委参加,授课形式基本接近正常课堂教学,但是时间有限,课堂教学环节完整。

(2) "无生"授课:授课时,只有3~5个评委参加,没有学生参加。由于授课时没有学生,所以教师要利用自身的教学经验和智慧,预设教学问题、环节、成效等,在预设的虚拟教学环境中授课,以学生为中心,突破教学重点和难点,有效实现教学目标。

(三)微型课的特点

微型课的特点主要体现为"微"和"课"。

1. "微"

微型课的"微"体现在微时间,即时间短,一般为10~20分钟。

2. "课"

微型课的"课"体现在它的本质是一节课,具有一节常态课应有的特质。也就是说,微型课是精简版的常规课,有明确的教学目标、教学重点、教学难点,包含常规课堂教学的所有环节。例如新知导入、新知探究、例题讲解、巩固训练、课堂小结、作业布置等教学环节。教师需要预设在没有学生的前提下,如何有效设计各个教学环节,合理安排学生自主学习、合作探究的教学活动,实现以学生为本的有效课堂的构建,让学生在课堂上收获成长和喜悦。

(四)上好微型课的"十五个关键点"

关键点1:教学目标、教学重点和难点必须明确。

一节微型课的质量如何,关键在于是否有效实现教学目标,处理好课堂教学中的重点,巧妙突破难点。因此,要明确教学目标、教学重点和难点,就一定要吃透课标、教参、教材,只有这样才能有效整合教学内容,从而实现教学目标、教学重点和难点的有效突破。

关键点2：教学设计必须规范。

微型课的教学设计要有完整的教学环节，包含一节常规课所具有的各个教学环节，从导课到作业布置，形成教学闭环。教学设计的合理性是教师对课标的准确理解，是对教材的深度认知，是教师综合素养的有力体现。

关键点3：课堂环节必须完整。

微型课虽然时间较短，但必须有完整的课堂教学活动环节。导入新知所选择的案例应该贴近生活，有激趣性；讲授新课时应以学生为中心，注重师生互动，启发学生自主探究，合作交流；例题选择要具有典型性，体现本节课的教学目标；练习题选择要以例题为基础，进行变通，凸显本节课的教学重点和难点；课堂小结要以学生为主导，让学生总结知识与技能、过程与方法、情感态度价值观等；作业设计要体现分层思想，可分为知识型和综合实践类作业。值得一提的是，知识型作业分为必做、选做两类，知识型作业中必做作业侧重夯实基础知识和基本技能，选做作业侧重拓展思维，提升学习能力，而综合实践类作业侧重提升学生学习应用的能力。

关键点4：教学思路要清晰。

微型课教学要有清晰的教学思路。围绕教学主线突出教学重点，讲授要精简，启发要巧妙，引导要到位，在有限时间内完成规定的教学任务。为了突出重点内容，课堂需要互动学习，所以，教师的巧妙设疑、问题驱动、启发引导就非常重要。所有课堂提问都要围绕教学主线设置，这样才能将各个教学环节有效地整合在一起，突出重点，突破难点。

关键点5："微"导课必须精简新颖。

微型课导入新课的环节力求新颖，要创新，要有情境，能激发学生的学习兴趣，调动学生学习的积极性。可以从讲故事、说典故、谈趣闻、做实验、玩游戏，或者从社会热点、热播影视、流行小说等方面入手，导入课题，使学习和生活紧密相连。微型课时间较短，所以导入新课环节应尽可能"快""新""趣"，让学生感到新知有趣，更觉得课堂有意思、有意义。

关键点6：课堂教学内容必须精练。

微型课时间紧，且需要完成一定的教学任务，所以在内容的选择上，要学会选择，学会取舍。这就要求老师对课标、教材有一定的认识和理解，从而在明确本节课教学目标、教学重点和难点的前提下，有效整合教学内容，合理安排教学内容，高效实现教学目标，巧妙突破教学重点和难点。

关键点7：教学方法和教学手段必须多样化。

一堂优质的微型课必须包含多种教学方法和教学手段，只有这样才能最大限度地满足不同层次学生的求知需求。针对不同的教学内容，选择多样化的教学方法和教学手段，有利于激发学生求知的兴趣，有效突破重点，巧妙化解难点，从而达到教学目的。常见的教学方法有讲授法、讨论法、直观演示法、练习法、读书指导法、任务驱动法、自主学习法等。常规教学手段既包含传统的一本教科书、一支粉笔、一块黑板等，还包含现代化的以信息技术为支撑的课件、注重学生体验的动手操作、培养学生科学品质的科学实验等。每种教学方法和教学手段都有自身的优势和不足，应根据学习内容，结合学情，合理规划、选择最适宜的教学方法和教学手段，从而达到提高课堂教学效率的目的。

关键点8：时间分配要合理。

微型课时间短，但要完成整个课堂教学流程，体现各个课堂教学环节，授课老师就要合理安排各环节。一般来讲，导入新课要求快；教学重点和难点要着重讲，讲清楚；学生自主学习和探究的活动形式要丰富；讲课时间一定在规定范围内，宁可早，不能晚；教学环节一定要完整。

关键点9：板书设计必须精心。

板书设计是课堂教学的灵魂，是课堂教学的浓缩与升华。优秀的板书设计能够充分展现教师对本节课的教学理念、教学思想、教学环节、教学流程的理解和认知，而且能够让学生较好地掌握本节课的学习内容，引导学生逐步形成学习的思维习惯。所以，微型课的板书设计必须精心，才能充分展现授课教师的教学思路，体现教师的教学专业能力。

关键点10：课堂小结要精简、新颖。

微型课的小结内容应言简意赅。小结方法要新颖，建议采用思维导图的形式，既能激发学生学习的兴趣，调动学生的积极性，又能全面总结本节课的知识与技能、过程与方法、情感态度价值观等，更能体现课程育人的理念。

关键点11：教学语言富有感情。

微型课授课语言应准确简明，既能体现学科特色，又要体现教师独特的教学风格。授课时，教师语言要生动，富有感染力，要采用多种表达方式，利用丰富的手势、眼神、表情等，结合教学活动，充分展现自己的教学理念和设计意图。

关键点12：微型课要彰显教师教学风格。

微型课设计要符合设计规范，体现学科特色；授课要尊重教学规律，彰显教师个人教学风格。设计上，要有特色，有亮点，要有激趣性；授课上，要结合教师的人格魅力和授课风格，让课堂充满活力，启发学生思维，调动学生积极性，让学生收获自信，收获新识。

关键点13：微型课要有亮点。

微型课是教师专业技能测评常用的方式，在较好地把握微型课讲授基本规范的前提下，如果有特色亮点，效果就更好了。通常微型课亮点有：深入浅出、富有感情的讲授，细致入微的重难点剖析，精彩有趣的情境导入，专业独特的解题思路，言简意赅的课堂小结等。

关键点14：答辩理念要"新"。

答辩是微型课测评非常重要的环节，通过授课教师回答评委提出的专业问题，可以有效测评教师对课标的理解，对教材的认知，对本节课的设计的解读，能够充分展现教师的专业能力。所以，答辩时要面带微笑、态度谦虚、充满自信，用语要规范，要简明流畅，体现新理念，回答切中要点，体现学科特色。在有限的时间内，一定要全力以赴完成答辩。

关键点15：微型课比赛程序。

微型课测评是评价教师专业能力的有效方法，经常用于教师资格考试、教师招聘、教师职务晋升等，熟悉微型课的测评程序，对于教师在比赛中取得好的成绩有着非常重要的作用。一般来说，比赛流程包括以下几个环节。

（1）抽题。

按照主办方通知的命题范围，参赛教师在指定时间抽题，确定授课内容。一般测评内容为教学重点和难点，能够充分展示教师专业综合能力。

（2）备课。

参赛教师按照抽签序号，在引导员带领下进入备课教室，在规定的时间内，进行自主限时备课，并且只能使用主办方提供的空白课本，不能使用其他任何资料，限时完成微型课教学设计。

（3）上课。

参赛教师备完课后，在引导员带领下进入授课教室进行微型课授课展示。授课时，主办方只提供基本的教学用品（如白板笔、三角尺、基本实验用品等），如需特殊教学准备，需提前与主办方沟通。

（4）答辩。

讲课结束后，一般需要进行与授课内容有关的专业问题答辩。

（五）有效区分微型课与三类课型

1. 与微课的差异

微课是指按照新课程标准及教学实践要求，以视频为主要载体，记录教师在课堂内外教育教学过程中围绕某个知识点（重点、难点、疑点、考点等内容）或教学环节而开展的精彩教与学视频片段，它包含与该教学主题相关的教学设计、素材课件、教学反思、练习测试及学生反馈、教师点评等辅助性教学资源。

微课教学时长较短，一般为8~10分钟，50M左右的简短教学视频，可以称为"碎片课例"或"微课例"。微课移动性强，适合在笔记本电脑、手机、平板等移动设备上学习。相对于时间较长的传统课堂，微课时间短，问题聚焦，主题明确，突出课堂教学中某个学科知识点（教学中重点、难点、疑点、考点等内容）的教学。学习者可以充分利用工作和生活中"碎片"时间随时随地进行专题学习。

微型课与微课的差异主要体现在以下几个方面：（1）教学容量不同。微课只讲某个知识点或某个教学环节，讲清、讲透即可。微型课是完整一节课的"浓缩"，各环节齐备，麻雀虽小，五脏俱全。（2）展现形式不同。微课是教师"上镜"或"不上镜"的网络视频，要放在网络上，方便学生线下学习，突出一对一。微型课是教师现场展示课堂教学的整个流程，需要教师自导自演完成一节课的内容，教师该提问提问，该布置布置，该指导指导，该点拨点拨，该评价评价。（3）听课对象不同。微课的听课对象是学生。微型课的听课对象是老师（或专家、评委）。（4）展示目的不同。微课是为了让学生跟随视频自主学习。微型课是为了评估教师教学能力。（5）评价标准不同。微课以学生能否学会为评价标准，微型课评价的是教师的教学水平。

2. 与公开课的差异

微型课的教学过程和常规公开课的课堂教学过程基本一样，都是教师在讲台上通过授课的形式把自己的教学理念、教学思路、教学过程进行完整的课堂展示，包括创设情境导入新课、问题驱动活动设计、师生互动、学生自主学习、分组讨论探究、课堂小结、学生评价等，但是两者也有很大的不同，主要体现在：授课时间不同、学生人数不同、授课性质不同、备课要求不同、听课对象不同。

3. 与说课的差异

说课就是教师口头表述具体课题的教学设想及其理论依据，也就是授课教师在备课的基础上，面对同行或教研人员，讲述自己的教学设计，然后由听者评说，达到互相交流、共同提高的目的的一种教学研究和师资培训活动。基本环节是说学情、说教材内容、说教学目标、说教学重点和难点、说教学方法、说教学过程、说评价方法等。通过说设计意图，谈自己的教学设想，向大家展示自己的教学理念和教学水平。

微型课不同于说课，主要是讲课，侧重于讲，是将常规课进行浓缩来讲的精简课，环节齐全，流程完整，能够全面展示教师的综合能力。简单来说，说课是"虚拟"教学，微型课是"仿真"教学。

总之，上好微型课能够有效促进教师更新教育理念，提升专业技能。所以，教师要加强对微型课的研究和实践，让微型课助力教师的专业成长。

微型课教学设计模板（仅供参考）

第一板块：学情分析。

第二板块：教材解析。

（1）学科分析。（2）教育分析。（3）教学内容分析。

第三板块：设计思想。

第四板块：教学目标。

（1）知识与技能。（2）过程与方法。（3）情感、态度、价值观。

第五板块：教学重点与难点。

第六板块：教学程序。

（1）创设情境，导入新课（1分钟）。
（2）合作探究，获得新知（4分钟）。
（3）例题精讲，巩固新知（5分钟）。
（4）检验成果，深化理解（1分钟）。
（5）归纳总结，分享交流（2分钟）。
（6）作业设计，学以致用（1分钟）。

微型课评分标准（参考）

评价项目及分值			评价要点	得分
上课（80分）	理念	10分	1．注重培育学生学科核心素养 2．以生为本，教师是教学活动的组织者、指导者、合作者	
	内容	10分	1．知识讲授准确，具有科学性和系统性 2．容量适中，难易适度，重难点突出	
	过程	30分	1．教法灵活多样，手段恰当合理，过程张弛有序，时间把控到位 2．富有激情，能影响、带动、感化学生积极参与学习全过程 3．仪表端庄大方，语言规范流畅，示范正确规范，板书合理美观	
	效果	30分	1．学习目标达成良好 2．学生积极、主动地参与教学活动，课堂氛围好 3．学生体验到学习和成功的愉悦	
反思答辩（12分）	自我评价	12分	1．教学目标达成度及原因 2．教学预设与生成的差异及原因 3．教学中的亮点、缺憾及原因	
	课堂重构		能针对教学中的不足提出优化方案	
	个人表现		语言简洁，层次清晰，结论正确	
	答辩		紧扣问题，观点明确，表述流畅	

续表

评价项目及分值			评价要点	得分
教学设计（8分）	教学目标	8分	符合课标要求和学生实际，表述明确、恰当、全面	
	教学方法		方法选择得当，手段运用合理	
	教材处理		教材解读精准，处理得当，重难点突出	
	教学程序		环节齐全，层次清楚，时间分配合理	
	活动设计		展现学生的学习过程，学习活动设计具体，指导有方	
	教学设计		教学设计要素齐全，书写规范	

二、教师专业幸福成长与校本研修

从某种角度来说，"自我反思+同伴互助+专业引领"的校本研修是教师最快的幸福成长方式。

（一）校本研修内涵

校本研修是以学校教育教学工作中存在的实际问题为切入口，着眼点是以预定目标和学校教师的发展规划为基本方向，以满足学校教师的专业发展需求为根本目的，以学校自身力量、资源优势为主要依托。在学校教师自我反思的基础上，在教师发展共同体相互作用下，在教育专家的指导与专业引领下，由学校自行设计与策划安排实施的一系列分阶段、有层次的教师培训进修与研究。核心是学校教研、科研、培训一体化。

（二）校本研修路径

1. 聚焦课堂教学的校本研修模式

第一，课例研修。课例研修是目前中小学校本研修开展最为普遍的模式，而教师成长最佳的场所是课堂，因此课例研修要落实到课堂实践中。

第二，"一课三讲"校本研修模式。这种模式聚焦于提高课堂教学的有效性，强调集体备课的环节和反思。

第三，以追踪教学问题为主的"行动研究"模式。以问题为导向开展研修,在研修中解决问题,优化方案。

2. 专家讲座

学校不仅把教育专家、各界名家请进校园,同时支持教师们走出学校参加各种学习交流活动。让教师们在现场观摩中感受浓浓的课改气息,增强积极探索的意识;通过专家的讲座报告,了解来自国内外的前沿教育理论以及教育发展趋势,在名师名家的引领下,开展行动研究。搭建教师专业成长平台,例如"名师大讲坛""教师学分制成长""青年教师成长导师制、跟踪制""目标合同管理"等,全面提升教师发展的能力。

3. 课题研究

确立课题,科学探寻求解。由开始的学做课题到独立承担课题,积极构建专业研究资源库,为教师的专业发展提供保障。在确定研究课题时,着眼于需求,从教学一线考虑选题,如学生出现了什么问题,哪些问题比较集中等。搜集这些问题,结合课例研究的方式和科研课题研究的范式,让一个个教育实践中的真问题成为我们研究的原点。课例研究、课题研究让老师们达到一种良性循环的发展状态,教师们的研究意识逐渐增强,不仅积淀了理论知识,具备了更丰富的学科专业知识,还提高了根据需求进行教学设计、实施、评价、反思的能力,发展了课堂教学能力和创新能力。

4. 教学反思

美国心理学家波斯纳提出了教师成长的公式:教师成长=经验+反思。如果教师仅仅满足于获得教师经验而不对经验进行深入反思,那么他的经验将受到限制。

进行教学反思能提高教学质量,能够充分激发教师的教学积极性和创造性,并为其专业发展提供机会和条件。教学反思有助于教师教育知识的优化重组。进行教学反思是沟通教育教学理论与教育教学实践,迅速提高教师专业水平的有效方法。通过教学反思,教师可以发现教育教学中存在的问题,寻找解决问题的有效方法,对教育教学活动进行重新计划、检查、评价、控制和调节,从而提升教师教学监控能力。

5. 热爱读书

"读书就是最好的备课"。好教师应具有精深的专业知识、开阔的人文视野、深厚的教育理论功底。从某种角度而言,什么样的教师带出什么样的学生。如果教师以其不读书的形象去影响学生，以其空空如也的头脑去思考问题，以其匮乏的信息去与人交流，以其贫乏的知识去教育学生，教育还能有什么好结果？

6. 寻找榜样

可以身边的榜样和全国教书育人楷模作为自己学习的目标。以数学教师孙维刚为例，可以说，他不仅是数学老师学习的榜样，也是所有老师学习的榜样。

孙维刚首先是一位成功的数学老师。他在数学上的造诣精深，不仅被教育部聘请参与新课程标准的制定，还曾多次被邀请到大学工作，只因他太热爱中学教育，所以都推辞了。他教学技艺精湛，形成了自己独特的教学方法。不仅如此，孙维刚自成为教师起，就一直担任班主任工作。他认为，一个老师，要想实践自己的教育理想，按照自己的思想来培育学生，就必须做好班主任工作。他有自己独特的班级管理思想，始终贯彻"德育第一"的理念，他带班有三大原则：第一，诚实、正派、正直；第二，树立远大理想，为人民多做贡献；第三，做有丰富感情的人。孙维刚立足课堂，教而优则研，又反过来以研促教。他勤于思考，敢于打破常规，从教四十多年来，他把自己的聪明才智毫无保留地献给了所热爱的教育事业。他的才学，他的自信，他的勇略，他的毅力以及永无止境的进取精神，将长久地激励教育工作者们不断创新，努力工作。

三、教学后记与教学反思

很多老师容易将教学反思和教学后记等同起来。

所谓"教学反思"，是指教师对教育教学实践的再认识、再思考，并以此来总结经验教训，进一步提高教育教学水平。教学反思是教师提高个人业务水平的一种有效手段，很多教师会从自己的教育实践来反观自己的得失，通过教育案例、教育故事或教育心得等来提高教学反思的质量。

"教学后记"，亦称"授课心得""教后感"，顾名思义，就是教师教完一堂课后，对整个教学过程的设计和实施进行回顾和小结，将经验、教训和自我体会记录在案的过程。写教学后记能帮助教师迅速接收课堂中的反馈信息，克服教学中的干扰因子；有助于找出教学设想在具体实施过程中的成功和不足之处，为调整教学提供可靠依据；有助于加深对课程标准的领会、教材的理解和教法的改革的力度。它是促进自己教学水平、教学能力提高的有效途径。

（一）教学后记

教学后记是教师课后对自己教学行为的自我评析和反省。用笔记的形式记录下来，以便总结教学经验和不足，从而形成自己的教学风格。孔子曰："吾日三省吾身。"这里的"省"是指回顾、反省，检查自己一日内的所作所为，有无不足之处，以便改正。《学记》中提到："学然后知不足，教然后知困。知不足，然后能自反也；知困，然后能自强也。故曰：教学相长也。"我们今天所说撰写教学后记，就是指回顾检查自己教过的课，写出教学分析，找出不足，久而久之便能不断总结经验，提高教学水平，形成自己独特的教学风格。

教学后记是教学工作的一部分，是提高教学质量的重要环节，是对本节课的自我评价，对待这一环节，应与备课、上课一样，一丝不苟，认真回忆该节课的"成功"与"不足"之处，发现教学过程中的一些问题，掌握知识、技能、技巧等缺漏情况，有针对性地采取相应的补救措施。长期坚持，不仅能总结、积累教学经验，探索教学规律，还能逐步形成自己独特的教学风格和教学方法。

撰写教学后记，对每一位教师，特别是新教师非常重要。在实际教学工作中，很多老师写的教学后记存在空泛的问题，针对性也不强。那么，该如何撰写教学后记呢？

一要"精"，即简单扼要。教学后记不是长篇文章，也不是流水账，而是对该课"实况"的回忆，对课堂上每一环节（如教师的示范操作、讲课中的语言、操作要领的叙述、对学生的指导等），通过表象，找出内在的规律，进行初步归纳和取舍，扼要记录教学过程中的"成功"与"失败"。做到有话则长，无话则短。言简意赅，即"精"。

二要"紧"，即及时，有时课上出现的一些情况，如果不及时记录，随着时间的延长可能会淡忘。所以，最好是在授完课后趁热打铁，及时记下教学过程中的灵感，如果时过境迁，再追补记忆，效果就相差甚远。

三要"重",即重点突出。写教学后记要目标明确,重点突出,对于那些尝试和探索的实验项目应重点记录,使其成为再实践的第一手材料。如劳技课"室内花卉栽培技术"中的《蟹爪兰的嫁接繁殖》一课,教师先通过视频介绍蟹爪兰的嫁接方法,然后让学生实践,并让学生总结嫁接步骤。这一教法是成功的,收到了一定的教学效果,那么就可以记录下来,并总结这一教法的长处与不足,以便改进。对于日积月累的大量"教学后记"材料,要进行归纳总结、概括,从中吸取经验教训,摸索教学规律,不断提高教学质量。

四要"全",即全面。写教学后记,要把内容记录完整。大致包括五个方面的内容:

第一,对教材的理解。教师只有认真钻研教材,吃透教材,才能整体把握教材。写教学后记时,要思考教学目标是否达标、教学任务是否完成、教学重点是否突出、教学难点是否突破、教材中的思想内涵的挖掘是否深透、教学时间安排是否合理、板书设计是否精妙、自己的素质有无欠缺、教学的实际效果与备课的设想有无差距等问题。

第二,教法的选择与运用。教学方法是实现教学目标的手段,教学手段选用是否合理、科学,是否有启发性、趣味性,是否符合学生的年龄和心理特点,在组织教学上是否宽严适度(如教师对偶发事件的处理方法、学生的不同意见等),集中指导与个别指导的时机处理是否得当等。

第三,学生的反馈和建议。要写好教学后记,还要突出学生的主体地位,只有满足了学生的需求,才能有好的教学效果。所以,教师应倾听学生的心声,深入了解学生,搞好调查研究。

第四,学习有关的业务材料,以丰富自己的头脑,提高理论水平。

第五,写点滴体会。通过教学后记的编写,把零散的经验教训积累起来,便能形成宝贵的经验。

正如朱熹所说:"夫子教人,零零星星,说来说去,合来合去,合成一个大物事。"这句话是说:孔子平时教弟子之言,似乎非常细碎,各不相干,但积久之后,就会感到这些零星的东西交织编串起来就构成了一个完整的体系。我们在课后编写教学后记,每一节课的教学后记都是零散的体会和经验教训,久而久之,这些点滴的经验教训和体会便成为一个完整的体系——教学规律，对教育工作者乃至所有善于总结经验的人来说，这都是提高自身素质的有效途径和不可缺少的环节。

（二）教学反思

1. 教学反思的内涵

反思是对自己的思想、心理感受的思考，对自己体验过的东西的理解或描述。最先把反思引进教学过程的是美国哲学家、教育家杜威，他在《我们怎样思维》中指出，反思是"对任何信念或假定的知识形式，根据支持它的基础和它趋于达到的进一步结论而进行积极的、坚持不懈的考虑"。而反思性教学这一术语和美国学者斯冈有关。斯冈认为，反思性教学是教师从自己的教学经验中学习的过程，反思性教学的问世是对将教学改革简单地贴上成功或失败标签的超越。我国学者熊川武教授认为："反思性教学是教学主体借助行动研究，不断探究与解决自身和教学目的，以及教学工具等方面的问题，将'学会教学'与'学会学习'结合起来，努力提升教学实践合理性，使自己成为学者型教师的过程。"

教学反思就是教师自觉地把自己的课堂教学实践，作为认识对象进行全面而深入的思考和总结，从而进入更优化的教学状态，使学生得到更充分的发展，它是一种有益的思维活动和再学习活动。教学反思，是教师通过对其教学活动进行的理性观察与纠正，从而提高自身教学能力的活动。反思是取得实际教学效果并使教师的教学参与更加主动、专业发展更加积极的一种手段和工具。教学反思是分析教学技能的一种技术，是对教学活动的深入思考，这种深思使得教师能够有意识地、谨慎地、经常地将研究结果和教育理论应用于实践。教学反思的目的是指导教学实践，经常性的教学反思可使教师从经验型教学走向研究型教学。教学反思是对各种有争议的"优秀的教学观"进行深入思考并依次做出选择，是对教育观念、教育背景的深入思考。它是一种用来提高自身教学水平，改进教学实践的学习方式，不断对自己的教育实践深入反思，积极探索与解决教育实践中的一系列问题，进一步充实自己，优化教学。反思是教师以自己的教学活动过程为思考对象，对自己所做出的行为、决策以及由此所产生的结果进行审视和分析的过程，是一种通过提高参与者的自我觉察水平来促进能力发展的途径。

值得一提的是，这里所说的反思与通常所说的静坐冥想式的反思不同，它不是一个人独处放松和回忆，而是一种需要认真思索乃至极大努力的过程，而且常常需要教师合作进行。另外，反思不简单是教学经验的总结，它是伴随整个教学过程的检视、分析和解决问题的活动。

2. 教学反思的意义

如果一个教师只满足于经验的获得而不对经验进行深入的反思，那么他的旧有理念及不适当的行为就很难改变，其结果可想而知，他的教学将可能长期维持在原来的水平。

从某些方面来说，现代教育所面临的最大挑战不是技术和资源，而是教育者的理念。有什么样的教育理念就会有什么样的教学行为。如果一个教师的教育理念陈旧、教育方法落后，那么，他越投入，对学生的负面影响往往越大。为此，教师首先需要反思的就是自己的教育理念。理念不转变，只是对行为加以矫正，治标不治本。教学反思的意义在于它着眼于教师知识结构中的实践性知识的获得，反对和批判传统教师培训模式中只注重对教师的一般性知识的传授，如对公共知识、专业知识，教育学、心理学知识的获得和相应学历的提高。更为重要的是实践性知识，指教师在实现有目的的教学行为中所具有的课堂情境知识及与之相关的知识。而这类知识的获得，因为其特有的个体性、情境性、开放性和探索性特征，要求教师通过自我实践的反思和训练才能得到和确认，靠他人的给予似乎是不可能的。美国心理学家波斯纳提出了教师成长的公式：成长＝经验＋反思。如果一个教师仅仅满足于获得经验而不对经验进行深入的思考，那么他即使有20年的教学经验，也许只是一年工作的20次重复，他永远只能停留在一个新手型教师的水准上。

实践证明，凡善于反思，并在此基础上不断努力，提高自己教学效果的教师，其自身的成长和发展的步伐就会加快。在教学中，一旦教师熟悉教材，特别容易陷入机械重复的教学实践中，处在经验性思维定式、书本定式、权威定式和惰性教学之中。因此，开展教学反思，加强教师自我评估和自律学习对教师主体的发展特别重要，教师只有把自我的发展看成是必需的和必要的，才会努力地去发展自我、建构自我，对自己的发展形成整体性的看法，从而不断促进自我学会教学，教会学生学会学习。教学反思可以进一步地激发教师终身学习的自觉性，教师不断地反思，就会不断地发现困惑，不断地提高自己。学习反思的过程也是教师不断成长的过程。教学反思可以激活教师的教学智慧，探索教材内容的崭新表达方式，构建师生互动机制及学生学习新方式。

3. 教学反思的类型和方法

我们经常看到一些十分成功的教学观摩课，在这些观摩课上，教师和学生配合得天衣无缝，探索式、讨论式、自学式等样样俱全，加上多媒体演示，教学者为之兴奋，听课者为之激动。然而，在一年教学中，这样的课又有多少呢？在实际教学中，能够针对自身的教学实践和教学行为进行真正意义上的反思，开展反思性教学的教师并不多，好多教师还是凭着自己有限的经验进行简单重复的教学实践。教师是将教学重点放在教学内容、教学大纲和考试形式上呢，还是将教学重点放在学生良好的性格、兴趣、情绪等方面的培养上？当然，教师对教学活动的反思不可能存在一个标准的模式，因为反思本身就具有情境性和不确定性，反思只能针对具体问题，根据实际情况，在可能的条件下展开。

反思包括纵向反思、横向反思、个体反思和集体反思等类型，有行动研究法、比较法、总结法、对话法、档案袋法等方法。

（1）纵向反思和行动研究法，即把自己的教学实践作为一个认识对象放在历史过程中进行思考和梳理，同时，不断地获取学生的反馈意见，并把其作为另一个认识对象进行分析，最后，将两个具体的认识对象结合起来进行思考。教学反思贯穿教师的整个教学生涯，而不是某一阶段的特殊任务。

（2）横向反思和比较法。教学反思要跳出自我、反思自我。所谓跳出自我，就是经常地开展听课交流，研究别人的教学长处，通过学习比较，找出理念上的差距，解析手段、方法上的差异，获得提升。当然，无论是运用行动研究法还是比较法，我们都需要学习先进的教育教学理论，提高自身的理论水平。

（3）个体反思和总结法。第一，"课后思"，即一堂课完成就进行总结思考，写好课后心得或教学日记对新教师非常重要。第二，"周后思"或"单元思"，也就是说，一周课结束或一个单元讲完后反思，摸着石头过河，发现问题及时纠正。第三，"月后思"，即对自己一个月的教学活动进行梳理。第四，"期中思"，即期中质量分析，这是比较完整的阶段性分析，通过期中考试，召开学生座谈会，听取意见，从而进行完整的整合思考。

（4）集体反思和对话法。集体反思指与同事一起观察自己的、同事的教学实践，与他们就实践问题进行对话、讨论，是一种互动式的活动，它注重教师间成功的分享、合作学习和共同提高，有助于建立合作学习共同体。俗话说"旁观者清，当局者迷"，以旁人的眼光来审视自己的教学实践，能使自己对问题有更明确的认识，并获得问题解决的途径。教师互相观摩彼此的教学，详细记录所看到的情景，还可以用摄像机将教学活动拍下来，组织教师观看。每个观摩的教师都进行教学反思，共同研讨，针对教学中普遍存在的困惑进行团队反思，每个教师发表自己的见解，提出解决问题的思路。

注重教师之间的合作与对话是反思性教学的一个重要特征，反思不仅仅是"闭门思过"，与外界的沟通与交流也是进行教学反思的重要途径，这是由教与学的社会性所决定的。除了集体反思外，还可请教育专家参与，提出有促进性、针对性的建议，促使教师自身不断反思，获得更新、更全面的认识。

4. 教学反思的内容

教学反思的内容包括：（1）对教学过程的反思。（2）对教学目标的反思：是否实现。（3）对教学理论的反思：是否符合教与学的基本规律。（4）对学生评价的反思：各类学生是否达到了预期发展目标。（5）对执行教学计划情况的反思：改变计划的原因以及方法是否有效，如果采用别的活动和方法是否更有效。（6）对改进措施的反思：如何调整教学计划才能使教学效果更明显。

5. 教学反思后的重构

教师对教学进行反思，是教师对自我的重新构建。教师构建自己的认识方法，构建自己对各种事物和观点的理解，构建自己的教育观和教学方法，能够比较客观地看待自己的教学过程，发现教学过程中存在的问题，然后寻找解决的办法和策略，再监测实施策略的效果，真正做到客观评估教学效果。教学反思可以帮助教师更好地认识自己、了解学生，更好地理解教学过程。教师在主动建构的过程中，理论知识与经验是相辅相成的，处于同等重要的地位。只有在理论指导实践、实践检验理论这种循环往复的过程中,教师才能成功地建构自己。

6. 如何写好教学反思?

（1）注意反思的落脚点。

很多教师实践经验丰富,要重视发挥自己的优势,找准反思的落脚点。首先,要做好个人教学能力与教学风格的自我反思,如课堂教学设计是否太单一,教学组织是否有序,激励奖惩是否得法,课堂氛围是否和谐。通过自我反思,明确反思的中短期目标和方向;其次,反思要结合实际教育条件,如社区环境、学校环境、办学条件、学生实际等,只有将反思与实际的教育条件相结合,反思才有针对性。

（2）注意反思的系统化。

每堂课、每个教学细节都值得反思,反思是为了更好地更新教学理念,创新教学思维,说到底是提高教育教学的生命活力。因此,要做好反思还必须具备系统化意识。所有的学科都由若干的子系统组成,都有其内在的规律,只有进行系统的反思和实践,才能提高整体教学能力,提升自己的教育思想境界。

（3）注意反思的实践性。

新课标是一种理念,实践是在理念的指引下进行的,理念又是在实践的论证下发展的。反思的目的就是改造教学实践,在实践中体现价值。

（4）注意反思的发展性。

经验的积累与知识能力的更新对于老师来说是非常重要的。因此,反思不仅仅是针对教学实践,还应该针对反思本身,如反思后的再学习,学习后的再反思。

【阅读链接】

新课程教学改革从观念到实践强调以下十个方面:

1. 新课程中教师角色将发生哪些转变?

（1）从教师与学生的关系看,新课程要求教师应该是学生学习的促进者。

（2）从教学与研究的关系看,新课程要求教师应该是教育教学的研究者。

（3）从教学与课程的关系看,新课程要求教师应该是课程的建设者和开发者。

（4）从学校与社区的关系看，新课程要求教师应该是社区型的开放的教师。

2．新课程要求教师的教学行为有哪些相应的变化？

（1）在对待师生关系上，新课程强调尊重、赞赏。"为了每一位学生的发展"是新课程的核心理念。为了实现这一理念，教师必须尊重每一位学生做人的尊严和价值，尤其要尊重以下六种学生：

①尊重智力发育迟缓的学生。

②尊重学习成绩落后的学生。

③尊重感觉被孤立和被拒绝的学生。

④尊重有过错的学生。

⑤尊重有严重生理缺陷的学生。

⑥尊重和自己意见不一致的学生。

（2）在对待教学关系上，新课程强调帮助和引导。教的职责在于：

①帮助学生检查和反思自我，明确自己想要学习什么和获得什么，确立能够达成的目标。

②帮助学生寻找、搜集和利用学习资源。

③帮助学生设计恰当的学习活动和形成有效的学习方式。

④帮助学生发现他们所学东西的意义和社会价值。

⑤帮助学生营造和维持学习过程中的积极的氛围。

⑥帮助学生对学习过程和结果进行评价，并促进评价的内在化。

⑦帮助学生发现自己的潜能和个性倾向。教的本质在于引导，引导的特点是含而不露，指而不明，开而不达，引而不发；引导的内容不仅包括方法和思维，同时也包括价值观和做人。

（3）在对待自我上，新课程强调反思。

（4）在对待与其他教育者的关系上，新课程强调合作。

（5）在课堂教学中，学生不再是教学的被动参与者或知识的接受者，而是课堂教学的主动参与者，是学习的主人，在课堂上得到充分发展。

3．在课堂教学中，教师要实现哪五个转变？

（1）由重知识传授向重学生发展转变。

（2）由重教师的教向重学生的学转变。

（3）由重结果向重过程转变。

（4）由封闭向开放转变。

（5）由信息的单向交流向信息的综合交流转变。

4．教师在运用教学方式上应做到哪十点？

（1）处理好传授知识与培养能力的关系。

（2）注重培养学生的独立性和自主性。

（3）引导学生质疑、调查、探究，在实践中学习。

（4）指导学生主动地、富有个性地学习。

（5）尊重学生的人格。

（6）关注个性差异，满足不同学生的学习需求。

（7）创设能引导学生主动参与的教育环境。

（8）激发学生的学习积极性。

（9）培养学生掌握和运用知识的态度和能力。

（10）使每个学生都能充分地发展。

5．新课程下的课堂有哪些主要特征？

（1）有科学的教学目标。

（2）有和谐的课堂氛围。

（3）学生主动参与教学活动。

（4）注重学生的学习过程和学习方式的转变。

（5）有充分的思维训练。

（6）方法最优化，手段现代化。

6．课堂教学应该树立什么样的基本观念？

（1）全面发展的质量观。

（2）以人为本的学生观。

（3）民主合作的教学观。

（4）优质高效的效益观。

7．课堂教学应该遵循哪些基本原则？

（1）目标导向性原则。

（2）主体性原则。

（3）面向全体的原则。

（4）知情并重原则。

（5）开放性原则。

8．课堂教学有哪些要求？

（1）创设良好的氛围，激励学生学习。

（2）围绕教学目标，开展教学活动。

（3）突出思维训练，培养思维能力。

（4）着眼学生发展，组织学生活动。

（5）运用多种教学方法，选用恰当的教学媒体。

（6）重视教师的人格力量，规范教师的课堂行为。

9．"以学生发展为本"是课堂教学改革的着眼点和落脚点，是课堂教学改革的根本。

10．如何理解转变学生的学习方式？

转变学生的学习方式是课程改革和学生主体性发展的要求。

（1）转变学生的学习方式就是要转变学生被动接受性学习的状况，使学生的主体性、能动性和独立性不断得到发展。

（2）转变学生的学习方式就是要转变学生的学习态度，变"要我学"为"我要学"，养成良好的学习习惯，培养学生对学习的责任心和终身学习的愿望和能力。

（3）转变学生的学习方式就是要改变学生的学习状态，由接受性学习转变为发现性学习。让学生参与到学习过程中，调动学生学习的热情，培养学生学习的兴趣。

四、校本研修考核方案

为确保学校校本研修理念的有效落实和校本研修活动的稳步推进，提高教师专业水平和教学能力，提高办学质量与效益，根据学校具体情况，特制订我校校本研修考核方案。

（一）校本研修的目标和任务

校本研修以教师专业发展的实际需求为导向，以解决教育教学实践中存在的突出问题为突破口，以提高教师综合素质为目标，有计划、有步骤地促进我校教师队伍专业成长，为学校发展提供高质量、高水平的师资保障。

校本研修工作的主要任务是逐步形成民主、开放、有效的教研培训机制，充分利用各种教育资源，拓宽教师培训渠道，有效提高教师专业素养，深入研究教育教学中遇到的实际问题，促进教师的专业发展。

校本研修以课程为导向，以促进每个学生的发展为宗旨，以学校教育教学过程中所面对的各种具体问题为对象，以课堂为研究点，以师生为研究的主体，既注重解决实际问题，又注重总结提升经验、探索规律。

（二）健全"三级管理网络"，明确各自职责

1. 校长

校长是校本研修制度的第一责任人。校长要真正树立科研兴校的办学理念，建立校本研修的导向机制、激励机制和保障机制。大力建设校本研修制度，发挥学校的研究职能，要立足本校实际，制订科学可行的校本研修规划、年度计划和实施方案。要将校本研修与学校发展、学校文化建设相结合。促进学校发展，努力把学校建成真正意义上的学习化组织。每位教师要根据自己的发展目标，制订个人专业发展规划和年度研修计划。

2. 教师发展中心主任

在校长的领导下，教师发展中心主任负责各教研组的业务学习、计划制订、组织实施、检查落实、总结考核，指导各学科教学改革实验与研究工作，组织各类业务培训，努力促进教师专业发展，提高教学质量。

3. 教研组长

教研组长负责制订本组的校本研修计划，组织组内教师相互听课、评课、说课，组织本组成员进行课题研究，帮扶培养青年教师，开展"师徒结对"，指导各年级备课组开展具体的教学与研究工作，指导学科组集体备课、组织学科课外活动，归纳总结教研成果。

校本研修，在重视教师个人学习和反思的同时，强调教师之间的专业切磋、协调与合作，分享经验，互相学习，彼此支持，共同成长。倡导科学精神，营造求真、务实、严谨的研修氛围，提高教学和教研的质量。

（三）研修形式

1. 校本培训

校本培训包括校内培训、校外培训、网络培训三种形式。

第一，校内培训。具体指由学校组织的业务学习、专题培训、讲座、报告等。

第二，校外培训。具体指由各级教育行政部门、教研机构、大专院校、专业学会、区域性教研联合体以及国家科研课题组组织的专题研修、学科培训、业务指导等活动。

第三，网络培训。教师参加由上级部门组织的教育网络培训，须持有正式文件和培训结业证书或学分证书，在教师发展中心核查登记。

教师凡参加培训研修活动都必须有培训记录。学校按照培训类别、级别和记录质量进行考核。

2. 教学设计

每学期每位教师精心完成教学设计2篇，期中1篇、期末1篇。按时上交，待教师发展中心审核后由学科组成员共享，学校择优推荐有特色、有创意的教学设计参加上级部门教学设计评选活动。

3. 观课议课记录

每位教师都要积极参与校内或校外观课议课活动，并做好记录，资料及时上交。教师每学期观课议课数量应不少于30节，要求内容翔实、书写认真。中层以上领导每学期听课不少于40节，听课后应及时向老师反馈，提出改进意见。

4. 教育教学论文

教师要积极撰写教育论文、教育叙事、教学随笔、教学案例等，每学期每位教师须上交1篇原创教育教学论文，并积极参加省市区举办的各类优秀教育教学成果评选活动。

5. 课题研究

全体教师要参加项目式校级课题研究，中高级（或职称晋升中级）教师要承担区级以上由教科研部门或专业学会组织的科研课题，带领学科教师开展研究活动，并努力取得优异的研究成果。

6. 微课制作

教师要熟练掌握微课制作技术，要根据教学需要制作各种形式新颖、内容短小、实用的微课作品，并积极应用在教育教学活动中。每位教师每学期至少提交2件微课作品，学校择优推荐参加区级以上评选。报送参评的微课，应按要求统一片头内容与格式，使用学校logo，统一正确书写学科、教材版本、校名、姓名等信息。

7. 读书笔记

教师要积极参加课改理论和学科理论学习，加强教育教学理论学习，接受先进教育理念，提高自身理论修养，并能按规定的阅读内容保质保量地完成读书笔记，一学期至少阅读2本教育教学类图书，撰写不少于2000字的读书笔记或读书心得，在学校阅读分享活动中交流。

8. 教学反思

教师每天、每周对自己的教学行为及结果进行反思评价，除在教案上写教学后反思外，还要坚持写反思性笔记，实现"实践+反思=成长"，及时地记录自己在教育教学实践中获得的经验和教训，记录教育教学的背景、实施要点、实施效果及思想感悟和情感体验，记录发现的问题及反思后设计的假设性解决方案等（即成功点、问题点、改进点），在校内微信平台以及个人博客中交流。每位教师每学期提交2篇及以上有较高理论和推广价值的教学反思参与学校考核评选。

9. 公开课/示范课

学校每学期组织特定主题教学评优活动1次，由学科教研组在组内公开课或同课异构基础上按比例推荐。学校在校级评优课或研讨课基础上，推荐优秀课例参与区级及以上评选，"三级三类"教师要上一节示范课并作一次学科报告。

10. 科研评比

教师个人或教研组参加学校及上级组织的教育教学及科研类评先评优活动，根据评选结果、级别计分。

（四）校本研修资料上交存档

每学期开学第二周、期末放假前一周集中上交2次校本研修教师手册及相关考核资料，每次计1分，共计2分，未按时上交者每次扣2分。临时性资料也需按时上交，未按时上交每次扣2分。

（五）其他

（1）课件、教具制作评选，参照教育教学论文进行考核计分。
（2）物理、化学、生物教师参加创新实验比赛的，参照公开课考核计分。
（3）未涉及的其他项目，考核组根据实际情况商议决定。

五、幸福教师专业素养研修手册

（一）个人研修档案

姓名		出生年月		最高学历		任教学科	
教龄		职称		最高级别荣誉称号		是否担任班主任	
任教年级		工作量					
爱好特长							
教育格言							

续表

（贴一张感动自己的教育教学方面的照片）

（二）教师职业发展三年规划

三年发展规划总体目标：
三年发展规划阶段目标：

续表

三年发展规划研修措施：

（三）教师学年度个人研修计划

本学年度研修目标：
本学年度研修措施：

（四）教师学年度个人研修总结

研修成果	
研修总结	（包括：取得的成绩、存在的问题、今后工作设想等方面，不少于1500字）

（五）研修过程

1. 读书笔记（每学期至少读一本教育教学方面的书，撰写笔记8篇）

读书时间	××××年××月至 ××××年××月		
文章题目		作者	出版社

（1）图书索引：

（2）原文精彩句段摘抄：

续表

（3）作者主要观点：
（4）读书感悟：

2. 主题培训（每学期至少撰写研修笔记10篇）

培训主题			
培训时间		培训地点	
主讲教师		培训课时	
培训内容			
培训感悟			

3. 教学反思（每月1篇，每学期至少5篇)

反思主题		交流范围	

4. 教育叙事或教学随笔（每月1篇，每学期至少5篇）

题目	

5. 观课议课记录表（每周至少撰写观课议课感悟2篇，每学期至少40篇）

任课教师		学科		班级		××××年××月××日 第××节	
课 题						课型	
项 目	教学内容					评 价	
新课导入 目标展示 解读						分值	得分
						3~5	
新知探究						分值	得分
						15~20	
拓展延伸						分值	得分
						15~20	
达标训练						分值	得分
						15~20	
课堂小结 作业设计						分值	得分
						5~10	

续表

板书展示			
专业素质		分值	得分
		8~10	
教学效果		分值	得分
		8~15	
存在问题		总得分	
教学建议			

6. 我最满意的教育教学论文

论文题目	
成果状态	○ 发表 ○ 获奖 ○ 交流　　○国家级○省级○市级○区级○校级
关键词	
内容摘要	
论文正文	

7. 我最满意的一节公开课

执教班级		学科	
教学内容		公开课范围	
教学设计			
教学反思			

续表

同伴评价/专家评价	
改进措施	

8．我最满意的实践作业设计（小制作、小论文、小发明成果等能体现实践创新能力的作品）

作业主题			
作业类型		指导教师	
作业内容			
作业评价			

（六）继续教育

1．自主学习（专业、学校，将要取得的学历）
2．区级及以上培训（培训班名称、学时和培训单位）
3．外出学习（时间、内容、举办单位）
4．校本培训

时间		内容	
时间		内容	
时间		内容	
时间		内容	
时间		内容	

（七）研修成果

1．教育教学工作获奖情况（优秀教师、优秀班主任、教学能手等）					
获奖时间	授奖单位	获奖内容	获奖级别	获奖等次	备注

2．执教公开课、观摩课情况			
时间	级别	执教内容	备注

3．教研成果情况（教科研成果、著作、论文等）				
出版或发表时间	出版社或刊物	著作、论文名称	本人位次	备注

（八）评估意见

学校评估意见	学校教研室负责人： 　　　　　　　　　　　　处室盖章： 　　　　　　　　　　　　审核时间：年　月　日
	学校负责人： 　　　　　　　　　　　　学校盖章： 　　　　　　　　　　　　审核时间：年　月　日
备注	

六、青年教师专业成长导师制

为了帮助具有一定个人良好素质和发展潜力的优秀新教师尽快适应学校教育教学工作,熟悉并掌握新形势下学校课程改革的基本内容和要求,促进专业成长,胜任学校的教育教学工作,特制定"青年教师成长导师制"。

(1)凡经过学校招录入职任教,并经过初步考核,有一定工作积极性和发展潜力的教师均视为青年教师。首批"青年教师成长导师制"工作,由教师发展中心主管,主要聘请校内学科骨干教师和中高级教师,以及富有经验的驻校教研员或特聘省级以上教学专家担任导师。

(2)导师的职责。第一,帮助新教师熟悉本学科教学特点、方法,熟练掌握教学环节的内容及教学策略,了解学校教育教学常规相关要求,并通过听课和评议反馈等方式掌握新教师成长进步的情况。第二,从培育新教师正确的思想观念、提高其情商的角度,指导新教师增强责任心、意志力和抗挫折能力等。

(3)新教师(学员)的职责。第一,应积极主动、虚心地向导师请教,钻研课标、教材,研究学情和教法,特别是通过观摩导师的课,在听课中学习,在实践中领悟,尽快适应岗位,完成角色转变,站稳讲台,为进一步发展打下坚实的基础。第二,新教师必须具有较强的自我教育能力,自我教育、自我发展、自我完善、自我创新,自觉自主地适应现代教育和时代发展的需要。

(4)听课指导原则。第一,导师每周听新教师1节课,一个学期不少于15节,听课后及时反馈指导;新教师每周听导师1节课,一个学期不少于15节,每周听其他教师1节课,一个学期不少于15节,总计听课30节。第二,导师听课指导,使用单独观课记录本,教师发展中心定期检查。特聘驻校教研员为导师的,可以灵活安排听课方式。第三,导师不仅是新教师业务的指导者,也是新教师人生成长的引路人。导师每周与新教师谈话一次。谈话内容除业务外,还包括新教师的思想、观念、意志、品质、理想、责任感、心理、情商以及人生追求、奋斗目标、处事能力等各个方面。

(5)平时管理工作。教师发展中心每月要对"导师制"工作进行一次检查督促,听取意见,及时解决存在的问题和困难,保证工作顺利进行。6个月后"导师制"接对帮扶工作结束,将对整体工作进行总结并表彰优秀导师和优秀学员。

(6)首批"青年教师成长导师制"涉及校内外导师17人,惠及新教师27人,工作时间为半年,在导师的指导下,如有适应快、效果显著的可提前结束。工作开始前,导师要制订指导计划,青年教师要在导师指导下制订个人专业成长计划。每学期完成一节校级汇报课,半年期满,要写出书面总结。

"青年教师专业成长导师制"记录表

教师姓名		班级		学 科	
导师姓名		职务		日 期	
活动内容					
(活动主题、内容、过程简单记录)			(主要发言人观点实录)		

续表

青年教师反思（感悟）

导师指导（评语）

七、中层后备干部选拔与培养方案

为了学校的发展需要，学校决定建设一支适应教育发展需求的后备干部队伍，加大对后备干部的培养，提高后备干部的整体素质。

（一）指导思想

以习近平新时代中国特色社会主义思想为指导，以学校人才队伍建设和事业发展需要为依据，坚持有利于学校工作，有利于干部队伍建设的原则，坚持德才兼备，人尽其才的原则，坚持公开、公平、竞争、择优的原则，努力建设一支不断优化的年轻后备干部队伍。

（二）建立机制

（1）培养后备干部是保证学校可持续发展的重要工作。学校成立以党支部书记牵头，校级行政领导和工会主席、群团组织领导共同参与的领导机构。

（2）后备干部选拔以中青年教师群体为依托，在优秀教师中选拔政治可靠，业务过关，人品过硬，德、能、廉、绩优秀的青年教师充实干部队伍。学校应每年进行一次民意调查，积极发现人才，确定后备干部人选，并按照不同岗位、不同层次的党政干部应具备的基本条件和资格确定后备干部培养个体方案。

（3）学校加强后备干部培训，强化过程管理。培训一般以三年为一个周期。主要突出实践锻炼和岗位培训，提高后备干部岗位专业化水平。要为年轻干部的成长营造良好的环境氛围，形成珍惜人才、大胆培养、合理使用的人才管理理念。关心、帮助、支持年轻干部和后备干部，使其明确自己的发展方向，加强自身的修养，提高工作能力，要把增强党性锻炼、增强人格力量贯穿培养全过程。

（4）后备干部培训与实践锻炼以压担子经受磨炼挫折为主。在三年期的培训过程中，每位后备干部分别在本部门挂职。挂职职位确定为"主任助理"。根据培养计划，"主任助理"按年限一般可分为"见习助理""二级助理""一级助理"。第一年为"见习期助理"，考核合格者晋级为"二级助理"，不合格者撤销，重新选拔。二级助理考核合格，才能晋级为"一级助理"。如表现积极，工作成绩突出，见习期可缩短为两年；如表现平平，可延期。见习期满，考核优秀的后备干部，待学校有合适的岗位，党组织予以综合考虑，并报请上级党委批准任用。

（5）建立年轻后备干部个人跟踪档案。内容包括：后备干部报名表、登记表、培养方案、考核考察情况、培训情况、与培训内容相当的调查报告、学习体会、学习笔记等。

（6）建立年轻后备干部考核制度。采取民意测评、组织考核相结合的方式，做出对年轻后备干部的考核意见，并及时反馈给个人。根据考核情况修订培养和提高的措施，学校依据考核调查情况，每三年调整一次学校后备干部。

（7）根据上级党委要求，学校中层及以上领导干部的选拔原则上将从学校后备干部中产生，学校要按照"培养中使用，使用中培养"的开放型模式，在各岗位锻炼的后备干部有步骤地交流换岗，以得到全面扎实的锻炼。

（三）后备干部选拔条件

（1）有坚定的政治信仰，拥护中国共产党的领导。

（2）品行端正，作风踏实，求真务实，廉洁奉公，以身作则，师德高尚，有强烈的事业心和奉献精神，在贯彻学校决定决议中发挥模范作用。

（3）关心学生，热爱岗位，联系群众，善于与他人合作共事，服务意识强，具有一定的亲和力和组织能力。

（4）年龄在40周岁以下，具有本科及以上学历，市级及以上专业职称和荣誉获得者可放宽年限。

（5）在一线工作两年以上，成绩显著；三年内年度考核合格（由于学校新建，第一批选拔对象考核要求为在本校工作两年）。

（四）后备干部选拔程序

（1）后备干部人选必须是从年级组长、备课组长和学校正式宣布的处室（含二级处室）负责人中产生。后备干部初选采取个人自荐、群众举荐、组织推荐的方式，人选确定采用竞职演说、民意测评、集体研究、考察考核、领导决策相结合的方式进行。

（2）确定为后备干部选拔对象后，向全校教职员工公示。

（3）学校党组织找个人谈话，填写《学校后备干部登记表》。

（4）学校党组织备案。

（五）后备干部的培养管理与聘用

（1）加强培养，严格考核。后备干部按程序一旦确定之后，由学校党支部书记直接负责相关的培训与跟踪考察。培养考察周期为2~3年，组织他们学习政治理论、法律法规、专业知识，使他们在政治觉悟、师德修养、专业水平、业务能力上都有所提高。对青年后备干部的考察要有专门记录。一般每学期不少于两次。每学年进行测评考核，考核结果将反馈给个人。

（2）加强实践，岗位历练。培养期间，对于考核优秀、培养比较成熟的后备干部，根据本人的工作能力、业务能力和特长，有意识地让他们在学校管理岗位上进行实践锻炼，使其才能得到充分的发挥。

（3）适时聘用，担负重任。结合学校人事制度的改革方案，学校在中层岗位竞聘时，后备干部竞争上岗；学校在中层岗位缺岗，需要微调增补时，经学校党政研究，将在现有后备干部人员中择优选拔任用。对于表现特别优秀的，学校党支部将适时向上级有关部门推荐、输送。

后备干部的培养与使用，直接关系到青年教师的成长与发展，关系到学校科学、可持续发展的大问题。其责任重大，意义非凡。因此，学校党政领导将其视为学校的重点工程，抓实抓好。青年后备干部也应该抓住机遇，想干事，能干事，干好事，在实践中不断磨炼自己，增添才干，为沣东一中特色学校的建设做出自己的贡献。

沣东一中中层副职后备干部报名表

姓名		性别		出生年月		民族	
籍贯		参加工作时间			入党时间		
出生地		专业技术职务			健康状况		
全日制教育	学 历			毕业院校及专业			
	学 位						
在职教育	学 历			毕业院校及专业			
	学 位						
简历							
学习培训及挂职锻炼情况							
基层管理经历	处室（部门）领导签名：						
推荐方式	个人自荐（本人签名）			组织推荐（加盖公章）			
	领导推荐（中层以上干部签名）			群众推荐（3名以上群众签名）			
资格审查意见							

（六）学校中层后备干部培训及管理方案

为深入学习贯彻习近平总书记系列重要讲话精神，努力培养和建设一支政治强、业务精、综合素质好、管理水平高的干部队伍，根据学校干部工作整体部署，特制定中层干部培训工作方案。

1. 指导思想

坚持以习近平新时代中国特色社会主义思想为指导，以选拔出具备适应新形势、应对新局面、解决新问题能力的中小学校中层干部，努力培养一支具有较高政治理论素养和教育理论知识、作风优良、善于管理、素质全面、执行能力强的中坚力量，为提高我校基础教育的质量提供坚实的人才保证。

2. 培训

（1）培训目标。

通过培训，使参训中层干部的思想政治素质、品德修养、知识结构和管理能力得到进一步提升，树立与新课程标准相适应的办学理念。

第一，提高政治理论修养和政策水平，熟悉国家的教育政策和法规，提高依法治教的能力。树立为人民服务的宗旨，努力办好让人民满意的教育。

第二，把握现代教育科学理论和新课改背景下学校教育科学研究的基本知识、方法，提高组织实施素质教育的能力和水平。

第三，把握现代学校各层面管理的理论和方法，明确学校各处室职能，提高履职能力和水平。

第四，加强对中层后备干部学习意识和研究意识的培养，提高学员的可持续发展能力。

（2）培训方式。

第一，理论研修。在网络上根据学习内容自修，进行教育法规、教育管理等方面的学习。

第二，挂职实训。在教育教学工作及管理业务方面表现较好的教师可先参与学校各处室的工作挂岗实习，学习业务及管理经验。

第三，参观考察。外派参加各级各类培训。

第四，撰写研修报告。学习及培训结束后，结合培训实际，全面总结，撰写研修报告。学校根据出勤、实训、论文完成等情况进行综合考核，全面总结，对教师进行综合评价，评选优秀学员。

（3）学习内容。

中小学处室职能与中层干部职责；教育教学管理常见问题及解决办法；电子教务；如何开展课题研究活动；如何开展教师工作评价；学校发展与特色创建；德育活动的实践与思考；校园文化建设及体卫艺活动开展等。

3. 培养

第一，后备干部的培养措施。通过实践锻炼与党支部培养相结合的方式进行，有计划地把有发展潜力的年轻干部放在一定岗位上，压担子、给平台，多为其提供学习考察机会，加强对其的培养。组织和引导后备干部认真学习马列主义、毛泽东思想、邓小平理论、"三个代表"重要思想、科学发展观、习近平新时代中国特色社会主义思想，把学习理论同改造世界观、增强党性锻炼结合起来，同调查研究、总结经验、指导工作结合起来。同时，努力学习现代科技知识、管理知识和法律知识，增强现代化管理技能。有意识地安排后备干部做一些时间紧、任务重、突击性较强的实际工作，使他们在实际工作中经受锻炼和考验。对在处室职能部门工作的后备干部，要在教学一线多压担子，使其积累经验，提高自身素质。而对教师后备干部，要有意识地安排其在管理岗位工作，以全面了解学校的工作，增强全局观念。加强干部交流换岗，使干部得到多方面的锻炼。重视关心后备干部的成长，经常了解其思想情况，及时发现各种思想倾向和问题，及时进行帮助教育。对其在工作和学习中出现的困难，党支部及学校领导要及时与其进行沟通，帮助他们分析原因，解决实际困难，鼓励和支持他们大胆工作。制订对后备干部的定期集中学习和教育培训计划，布置年度自学书目和学习任务，编印专用学习记录本等，用以撰写读书笔记、文件摘录和个人成长反思。实行后备干部谈话制度。校级领导和党支部成员每年要与所分配的后备干部谈话1~2次，并将谈话内容作为培养考核后备干部的一项重要措施。

第二，后备干部的管理措施。后备干部实行分级管理。学校中层后备干部由校党支部管理，教师发展中心培训办公室协助管理。切实加强后备干部的教育和管理工作。学校党支部把此项工作列入重要议事日程，坚持常抓不懈。以近期可进班子的后备干部为主，把培养教育措施的落实作为重点环节来抓，本着缺什么补什么的原则，采取多种方式加强培养，严格要求。加强年度考核工作。将对后备干部的考核与现职干部考核相结合，从德、能、勤、绩和廉政等方面综合考核，逐人形成考核材料。对后备干部实行动态管理，及时调整不符合要求的后备干部，及时补充新发现的优秀年轻干部和教师。加强对后备干部的监督。建立和完善后备干部诫勉谈话制度、意见反馈制度和个人重大事项报告制度。促使后备干部做到自重、自省、自警、自励。上级党委选拔校级领导干部时学校党支部原则上从后备干部中推荐，若因条件等因素限制也可推荐其他优秀干部或教师。中层干部原则上首先从中层后备干部中选拔，若因条件等因素限制也可推荐其他优秀干部或教师。建立健全后备干部考核管理档案，包括后备干部登记表、考核情况、学习培训情况、工作成果、奖惩情况等。

"中层后备干部"学习培训记录

姓名		岗位		时间	年　月　日　星期
学习/培训/活动内容：					
（主题、内容简记）			（观点摘录）		
个人反思（感悟）					
主任检查审核意见 签名： 年　月　日			教师发展中心检查意见 签名： 年　月　日		

第十九章　幸福文化教师成果

《两角差的余弦公式》教学设计

陈　健

第一部分　课标要求

《普通高中数学课程标准》对本节课的具体要求：

内容要求：

结合三角函数的定义，利用向量知识推导两角差的余弦公式，并能应用解决简单的计算问题。

学业要求：

能够利用两角差的余弦公式进行简单运算。

重点提升数学抽象、运算、逻辑推理能力。

第二部分　教学设计

一、学情分析

（一）从知识储备分析

经过前面学习，学生已经会利用单位圆做出已知角的三角函数线，掌握了向量的坐标相关知识，能够熟练说出特殊角的三角函数值，灵活运用三角函数诱导公式进行化简运算。

（二）从学习能力分析

学生普遍思维活跃，有一定的逻辑思维能力，但建立数学模型的经验不足,特别是不同知识间的内在联系的发现、应用,以及学生间合作学习的经验还不足,需要教师在一定程度上加以引导。

二、教材解析

(一)数学知识点分析

三角函数是中学数学中重要的基本初等函数之一,是描述周期现象的典型的函数模型。探索和研究三角函数的一些恒等关系,是利用三角函数模型解决实际问题中计算和推理的必要条件。

(二)学生情况分析

学生利用向量数量积的不同形式的计算自主推导两角差余弦公式,教学时教师引导学生独立思考,动手实践,组织学生主动参与交流活动,自主总结,增强学生数形结合思想和逻辑推理能力。

(三)教学内容分析

《两角差的余弦公式》是《普通高中课程标准实验教科书数学必修四》北师大版必修四第三章第三节内容。学生已学习了单位圆中的三角函数线及诱导公式、三角函数的同角三角函数公式和向量数量积等知识,本节学习两角差的余弦公式的推导后,为学习其他三角函数两角和与差公式、倍角公式奠定了基础。同时,本节知识也是高考数学的重点和热点。

三、设计思想

《国务院办公厅关于新时代推进普通高中育人方式改革的指导意见》指出:要深化课堂教学改革,循序渐进开展教学,提高课堂教学效率,培养学生学习能力,促进学生系统掌握各学科基础知识、基本技能、基本方法,培养适应终身发展和社会发展需要的正确价值观念、必备品格和关键能力。积极探索基于情境、问题导向的互动式、启发式、探究式、体验式等课堂教学,注重加强课题研究、项目设计、研究性学习等跨学科综合性教学,认真开展验证性实验和探究性实验教学。《普通高中数学课程标准》指出:教学中要引导学生理解数学基础知识,掌握数学基本技能,感悟数学基本思想,积累数学基本活动经验；提高从数学角度发现和提出问题的能力，发现和解决问题的能力；在学习和应用数学中发展学科素养。

本节课以《国务院办公厅关于新时代推进普通高中育人方式改革的指导意见》和《普通高中数学课程标准》要求为指导，通过情境引入→问题驱动→合作探究→抽象归纳→评价等环节夯实"四基"，提高"四能"和核心素养。

四、教学目标

根据本教材的结构和内容分析，结合学生的认知结构和心理特征，制定了以下教学目标：

（1）学生借助单位圆中的三角函数线和向量的方法推导两角差的余弦公式，掌握公式的基本特征，能初步运用两角差的余弦公式化简三角函数式、求值。

（2）学生在探索两角差的余弦公式的过程中，认识和感受数学知识之间是相互联系的，感悟由特殊到一般，由具体到抽象的数学思想方法，积累发现、分析解决问题的基本经验。

（3）学生学习本节课，感受数学来源于生活应用于生活，体会数学的应用价值，提升学生数学逻辑思维能力。

五、教学重难点

根据《普通高中数学课程标准》，在紧扣高考考点的基础上，确定本节课的教学重点和难点。

重点：两角和与差的余弦公式的理解与灵活运用。

难点：两角差的余弦公式的推导及证明。

设计意图：

《普通高中数学课程标准》要求要让学生经历数学知识的形成与应用过程；三角恒等变换处于三角函数与数学变换的结合点和交汇点，是前面所学三角函数知识的延伸，是培养学生推理能力和运算能力的重要知识点。"两角差的余弦公式"是"三角恒等变换"的基础和出发点，因此，公式的理解与灵活运用是本节课的重点；由于高一学生逻辑思维能力比较弱，对于公式的证明还存在很大的问题，所以，本节课难点是两角差的余弦公式的推导及证明。

六、资源与工具

教材、课件、电脑、直尺等。

七、预设过程和内容

本节课围绕两角差的余弦公式的推导以及简单应用开展教学，以创设情境、引入新知，合作学习、探究新知，学以致用、解决问题，评价反馈、了解学情，小结提炼、体会升华，作业分类、巩固提升等六个环节组织教学。遵循学生的认知规律，按照从特殊到一般、从具体到抽象的方法，利用数形结合，充分调动学生的积极性，探索推导出两角差的余弦公式，并能运用公式解决一些问题，促使学生养成自主学习的习惯和勇于探索的精神。

（多媒体动态展示摩天轮）

（一）创设情境，引入新知

一位小朋友乘坐摩天轮（半径为20m），由B点旋转到A点，他发现自己的投影发生了变化（如图所示），问：它旋转了多少度？你能解决以下问题吗？

【问题1】：已知$\cos\alpha=$ ， $\cos\beta=$

【问题2】：需求角$\alpha-\beta$，可先求其三角函数值$\cos(\alpha-\beta)$；

试问：$\cos(\alpha-\beta)=\cos\alpha-\cos\beta$成立吗？

【反例】：$\cos(60°-30°)\neq\cos60°-\cos30°$

教师活动：以问题串形式引发学生思考。

学生活动：观察，思考，质疑，举反例。

设计意图：

通过创设情境，引入新知，从而活跃课堂气氛，调动学生的学习热情，激发学生学习和探究知识的兴趣。让学生动起来，主动发现问题，尝试解决问题，成为课堂的主人，为本节课的学习打好基础。

（二）合作学习，探究新知

合作探究：为了得到引例中的旋转角度，引导学生联系已学过的关于求角度相关知识，启发同学们联想到什么知识？（分小组讨论）

公式的推导方法有多种，借助向量的数量积，可以简洁地推导出正确的结果。如图，在直角坐标系中作单位圆 O，以 Ox 为始边作角 α，β 它们的终边分别交单位圆于点 A，B。

其中 $\angle AOX=\alpha \angle BOX=\beta$，$\because |\overrightarrow{OA}|=|\overrightarrow{OB}|=r=1$

（以填空的方式引导学生逐步思考，然后教师板书证明过程）

$\because A$ 点坐标为（$\cos\alpha, \sin\alpha$），B（$\cos\beta, \sin\beta$）

$\therefore \overrightarrow{OA}=$（$\cos\alpha, \sin\alpha$），$\overrightarrow{OB}=$（$\cos\beta, \sin\beta$）

由向量数量积公式变形有

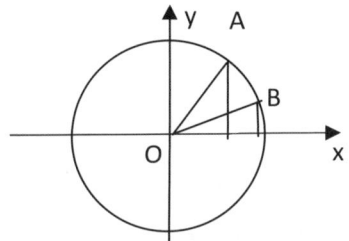

$$\cos(\alpha-\beta)=\frac{\overrightarrow{OA}\cdot\overrightarrow{OB}}{|\overrightarrow{OA}|\cdot|\overrightarrow{OB}|}=$$

$\therefore \cos(\alpha-\beta)=$

设计意图：

将学生分组，进行组内讨论，充分调动每一位学生学习的积极性，各组进行展示交流，重在培养学生的相互协作意识、团队意识以及竞争意识。

追问：以上推导是否有不严谨之处？应如何补充？

由于向量数量积的概念，角 $\alpha-\beta \in [0,\pi]$；

由于 α，β 都是任意角，（$\alpha-\beta$）也是任意角，但是由诱导公式，总有一个角 $\theta \in [0,2\pi]$，使 $\alpha-\beta=2k\pi+\theta\ (k\in \mathbf{Z})$。

∴若 $\theta \in [0, \pi]$，θ为$\overrightarrow{OA}$与$\overrightarrow{OB}$的夹角，

∴ $\cos(\alpha - \beta) = \cos\theta = \cos\alpha\cos\beta + \sin\alpha\sin\beta$

若$\theta \in [\pi, 2\pi)$，则$2\pi - \theta$为$\overrightarrow{OA}$与$\overrightarrow{OB}$的夹角，$\cos(\alpha - \beta) = \cos\theta = \cos(2\pi - \theta)\cos\alpha\cos\beta + \sin\alpha\sin\beta$

设计意图：

培养学生思考的严谨性和知识点掌握的全面性。

总结（两角差的余弦公式）：

对于任意角α, β，都有$\cos(\alpha - \beta) = \cos\alpha\cos\beta + \sin\alpha\sin\beta$

可以简记为$C_{(\alpha-\beta)}$

回归引例：若要求$\cos(\alpha - \beta)$，只要已知$\cos\alpha, \cos\beta, \sin\alpha, \sin\beta$；或$\alpha, \beta$中各一个三角函数的值，就可以解决问题。

设计意图：

强调角的任意性，培养学生学习分析问题的严密性，解决引例中的问题，前后呼应，学以致用。

（三）学以致用，解决问题

例1：(1) 求$\cos 15° =$

(2) 求$\cos 78° \cos 18° + \sin 78° \sin 18° =$

(3) 化简$\cos(\alpha + \beta)\cos\alpha + \sin(\alpha + \beta)\sin\alpha =$

教师活动：给出问题，引导学生结合公式特点完成。

学生活动：独立完成计算，若有问题，小组讨论。

设计意图：

本题由学生口答，强化公式的记忆，熟悉公式。

例2：已知，

是第三象限角，$\cos\alpha = -\dfrac{3}{5}$ $\alpha \in (\dfrac{\pi}{2}, \pi)$ $\cos\beta = -\dfrac{5}{13}$ β

求 $\cos(\alpha - \beta)$

例3：求证：$\cos(\alpha - \dfrac{\pi}{2}) = \sin\alpha$

教师活动：教师启发学生思考，指出思考漏洞，规范书写格式。

学生活动：思考，模仿，应用所学知识。

设计意图：

教师先引导学生思考，然后让学生规范板书解题过程，通过学生板书，教师发现问题并及时指正，培养解题规范性、思维的有序性和表述的条理性。

（四）评价反馈，了解学情

1．已知：求 $\sin\alpha=\dfrac{15}{17},\cos\beta=-\dfrac{5}{13},\alpha\in(\dfrac{\pi}{2},\pi),\beta\in(\dfrac{\pi}{2},\pi)$，$\cos(\alpha+\beta)$的值。

2．已知：α,β是锐角，$\cos\alpha=\dfrac{1}{7},\cos(\alpha+\beta)=-\dfrac{\sqrt{3}}{2}$，求$\cos\beta$的值。

3．已知：$\sin(30°+\alpha)=\dfrac{3}{5}$ $60°<\alpha<150°$，求$\cos\alpha$的值。

教师活动：教师设定时间，巡查，了解学生完成情况，给出评价。

学生活动：按教师指令进行书写。

设计意图：

通过变式训练，学生板演，限时训练，引导学生能够从观察角度入手，寻找解题思路，规范书写，掌握公式的灵活应用。教师巡查，了解学生完成情况，做出激励性评价，帮助学生树立学习的信心。

（五）小结提炼，体会升华

让学生谈谈自己在本节课上的收获和体会：

1．学习了两角差的余弦公式：$\cos(\alpha-\beta)=\cos\alpha\cos\beta+\sin\alpha\sin\beta$。

2．运用公式时注意角的范围和三角函数值的正负，注意前后知识的联系。

3．经历了猜想、探索、推理、证明，体会到数学学习的逻辑性和严谨性；感受合作的魅力，学会与他人合作，集思广益，分享成功的乐趣。

设计意图：

通过展示问题串：学了什么？学会了什么？学会后能解决哪些问题？让学生自己总结，反思本节课所学内容，锻炼学生归纳总结能力。老师对本节课学生表现进行评价，引导学生学会归纳总结。

八、方法和策略

依据新的教学理念，转变教学方式，通过情境激发学习兴趣，通过问题驱动学生自主学习、组织分组合作、启发探究等方式使学生在探究中培养能力，在合作中学会学习。本节课主要采用情境教学法、启发式教学法和问题驱动教学法，由浅入深地提出问题、分析问题、解决问题。引导学生进行观察探索、合作交流、归纳总结等学习活动，从而实现本节课的教学目标。

在指导学生学习时，通过创设生活情境→提出问题→学生探索尝试→启发引导→解决问题这一主线组织教学。教学中以学生为主体，教师鼓励学生采用观察猜想、自主探索、合作交流等方式进行学习，以培养学生数学学习的良好习惯，提升学生数学素养。

九、作业设计

2021年7月中共中央办公厅、国务院办公厅印发的《关于进一步减轻义务教育阶段学生作业负担和校外培训负担的意见》指出：提高作业设计质量，发挥作业诊断、巩固、学情分析等功能，设计符合年龄特点和学习规律、体现素质教育导向的基础性作业，鼓励布置分层、弹性和个性化作业。

《国务院办公厅关于新时代推进普通高中育人方式改革的指导意见》指出：提高作业设计质量，精心设计基础性作业，适当增加探究性、实践性、综合性作业。积极推广应用优秀教学成果，推进信息技术与教育教学深度融合，加强教学研究和指导。

结合本节课实际，作业设计如下：

（1）基础性作业。

完成课本练习第2、3题，巩固理解两角差的余弦公式。

（2）探究作业。

由公式$C(\alpha-\beta)$出发，你能推导出两角和的余弦公式吗？能推导出两角和与差的正弦公式吗？

十、学习评价

依据2020年10月中共中央国务院印发的《深化新时代教育评价改革总体方案》，实现以评促学、以评促教的评价目的。本节课评价从多主体评价、强化过程评价、改进结果评价、多元办法评价四个方面进行设计。

多主体评价：学生自评与他评、小组评、师评相结合，设计学生课堂评价多主体评价量表。

强化评价过程：整个学习过程按照"学一学、评一评"的原则，明确评价活动与具体教学环节相融合，设计《教学活动观察量表》进行评价。

改进评价结果：通过例题和作业设计，通过结果进一步评价学生思维、情感态度、价值观等。

多元办法评价：文本作业评价、实践类作业评价、探究类作业评价、课堂评价、作业展示等多元办法评价。

评价是教学活动的有机组成部分，教学评价是教学设计的一部分。通过评价，教师对学生课堂上的学习效果以及自己的教学效果有一个清晰的认识，可以促进教师和学生提升综合能力。

学生课堂表现多主体评价量表

项目	水平一	水平二	水平三	个人评价	同学评价	教师评价
认真	认真听讲，认真完成作业，认真讨论	认真听讲，能完成作业，有参与讨论的意识和行为	无心听讲，不完成作业，不交流讨论			
积极	积极发言，积极参与讨论交流	能举手发言，有参与讨论交流的意识和行为	很少举手发言，极少参与讨论			
自信	大胆提出问题，大胆表达想法	能提出不同看法，尝试表达自己的想法	不敢问问题，不主动表达自己的想法			
合作	善于与人合作，能虚心听取别人的意见	能与人合作，能听取别人的意见	缺乏合作精神，不接受别人的意见			
思维的条理性	能有条理地表达问题，解决问题过程清楚，做事有计划	能表达、解决问题，但条理性不强	不能准确地表达、解决问题，过程混乱，做事无计划			

续表

| 思维的创造性 | 具有创造性思维，能用不同方法解决问题，善于独立思考 | 能用老师提供的方法解决问题，有一定的思考能力 | 思考能力差，缺乏创造性，不能独立解决问题 | | | |

自我评价：

同伴评价：

老师评价：

注：1. 本评价分为定量评价和定性评价。
  2. 定量评价总分为100分，最后按权重取均值。
  3. 定性评价帮助学生更好地认识自己，以改进提高。

课堂观察学生学习行为量表

执教者资料	姓名		单位		课题	
观察者资料	姓名		单位		课时	
观察中心		某范围学生课堂学习行为（　）人				

观察记录	教学内容	观察	思考	发言	讨论	倾听	书写	操作

分析	

《使至塞上》教学设计

南 悦

一、学情分析

《义务教育语文课程标准》要求第四学段（7～9年级）学生能用普通话正确、流利、有感情地朗读诗歌，能借助注释和工具书理解基本内容，并注意在诵读过程中体验情感，展开想象，领悟诗文大意。

从知识储备来看，学生对古代诗歌已经不陌生，学生学习、积累了不少诗歌，其中也包括大量的律诗。通过本课前两首唐代律诗的学习，学生已经初步掌握了律诗的相关知识，为本节课的学习打下了基础。

从个人能力来讲，本课的教学对象是八年级学生，有的同学能按照老师要求做好课前预习，理解能力较强，学习自主性也强，有一定的合作探究能力，能与教师密切配合；部分学生的学习欠缺主动性，存在依赖性，全靠老师督促，他们不愿意去背诵积累，不愿意深度思考问题，不愿意探究问题，因此，教师要运用一定的教学技巧和教育智慧把握好课堂。

二、教材解析

《使至塞上》选自部编版八年级语文教材上册第三单元第13课《唐诗五首》，该节选入五首唐朝律诗，有五言和七言。本课内容的学习有助于学生掌握律诗的基本特征，通过借助相关资料，学生可以理解诗歌的主要内容，体会诗人情感，积累优美的诗句。

唐诗流传数量多、影响范围广，通过诵读唐诗，学生可以领略诗歌的韵律美，同时，加以一定的联想和想象，体会诗歌的意境美。

《使至塞上》是唐代诗人王维所作的一首边塞诗，描绘塞外雄浑壮阔的景象，表现对个人荣辱浮沉的达观之情。诗人在叙事写景中表达了深刻的思想感情，遣词造句、表情达意技巧精妙。该诗中的"大漠孤烟直，长河落日圆"被王国维称为"千古壮观"诗句,苏轼曾评曰"味摩诘之诗,诗中有画;观摩诘之画,画中有诗。"

三、教学目标

(1)通过情境创设,理解诗歌的写作背景。
(2)理解诗歌主要内容,体会诗人情感。
(3)重点赏析"大漠孤烟直,长河落日圆"一联所描绘的意境美。

四、教学重点与难点

根据课标要求以及学情,确定如下重难点。

(一)教学重点

品味诗歌语言,体会诗人情感。

(二)教学难点

重点赏析"大漠孤烟直,长河落日圆"一联所描绘的意境美。

五、预设过程及内容

(一)创设情境,激趣导入

机缘巧合之下,我们打开了时空穿梭的大门,获得了穿越时空、对话唐代先贤的机会,只要大家能够根据以下提示猜出这位先贤是谁,我们就可以匹配成功,与他隔空对话。

(板书:王维)

设计意图:本环节先激起学生的学习兴趣,让学生通过猜谜的方式回顾诗人王维的基本信息,老师对其诗作的特点进行补充。

(二)知人论世,了解背景

同学们回答正确,获得了添加王维微信的机会。与王维成为好友后,同学们迫不及待地向他表达了敬仰之情,并希望前去拜访他,却得知王维已使至塞上,随后王维通过短视频告知我们他为何前往边塞。

（板书：使至塞上）

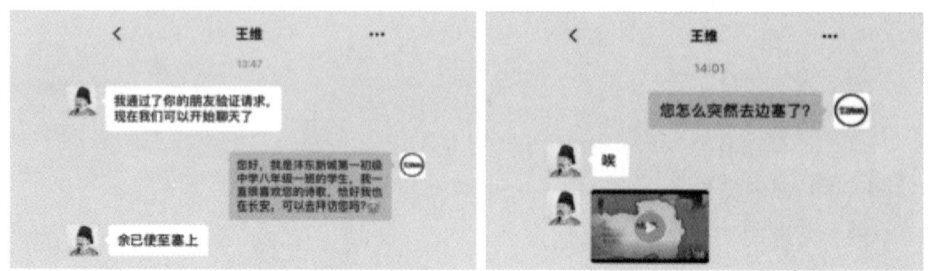

设计意图：以学生熟悉的微信的形式让他们了解本首诗的写作背景，从而更好地体会诗人所表达的思想感情。

（三）字斟句酌，赏析诗句

为了更加了解大诗人王维的所思所想，同学们翻阅了他的朋友圈。

1. 单车欲问边，属国过居延。

（1）该句交代了什么内容？

（2）既然是奉皇帝之命前往边境，那他是否被前呼后拥，场面是否壮观呢？你从哪里可以看出来？

（3）既然如此，王维当时的心情如何呢？

（板书：首联：出使边塞 孤独寂寞）

2. 征蓬出汉塞，归雁入胡天。

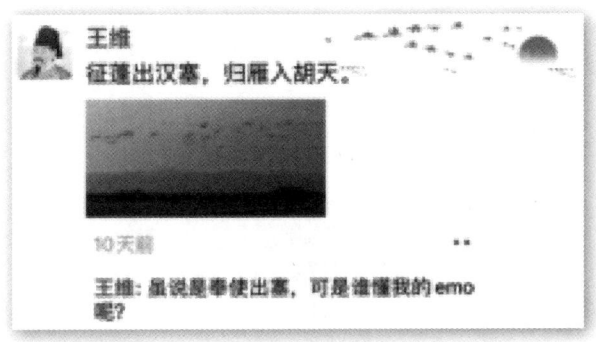

（1）请一位同学借助注释和参考资料解释该句含义。
（2）"征蓬"是什么意思？这一句用到了什么修辞手法？
（3）作者为什么会感到漂泊无定？
（板书：颔联：蓬雁自比 积愤抑郁）

3．大漠孤烟直，长河落日圆。

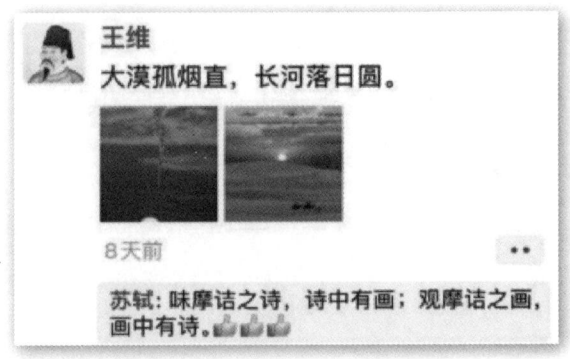

苏轼评价王维："诗中有画，画中有诗"，那么"大漠孤烟直，长河落日圆"这句诗到底美在哪里呢？请同学们以小组的形式进行讨论。

小组代表上台，根据诗句内容和黑板上的简笔画进行展示，教师总结。
（板书：颈联：塞外风光 雄浑壮阔）

4．萧关逢候骑，都护在燕然。

（1）翻阅完王维的朋友圈后，同学们向其发消息表示关心，那么王维现在走到哪里了？他遇见了谁？

（2）"都护"指的是谁？统帅都在前线说明前线战事如何？戍边将士

怎么样了？

（3）最后一句表达了王维对戍边将士什么样的感情？

（板书：尾联：战事紧张 赞美将士）

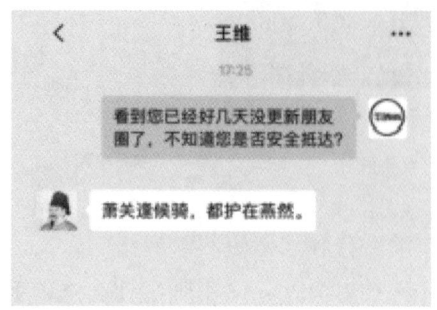

设计意图：该板块引导学生通过参考资料理解诗意，通过逐联分析，进一步感受诗歌的意境，理解诗人的真情实感。

（四）理解情感，把握主旨

这首诗描写了什么内容？写出了诗人怎样的思想感情？

设计意图：教师提供思路，学生对整首诗的思想感情进行归纳总结。

（五）配乐朗读，熟读成诵

理解诗歌主旨后，学生先个人进行朗读练习，随后以小组的形式进行配乐朗读展示。通过多次配乐吟诵，学生体会诗人所表达的情感，并背诵。

（六）达标训练，巩固新知

PPT展示与诗歌内容理解有关的选择题。

下列对王维朋友圈的分析中错误的一项是（D）

A. 首联点题，交代地点及事由，展现了关塞迢迢，山高路远之实景，烘托了诗人孤寂的心境。

B. 颔联中诗人运用"征蓬""归雁"两个意象。既是实写所见景物，更是即景生情，以景物自比。

C. 整首诗采用"起承转合"的结构，布局精巧；颔联采用对仗的手法，韵律和谐。

D. "候骑"指等候在此的士兵，表现了边塞将士对诗人的欢迎，让人倍感温暖。

（七）课堂小结，情感升华

学生先总结，老师稍后补充：今天，我们以诗歌作舟，领略了大好河山，观赏了无限风光。大唐的边塞，与其说是征战的沙场，不如说是诗意的原野。感谢王维让我们欣赏到了意境开阔的大漠风光，看到了以身许国的戍边将士。

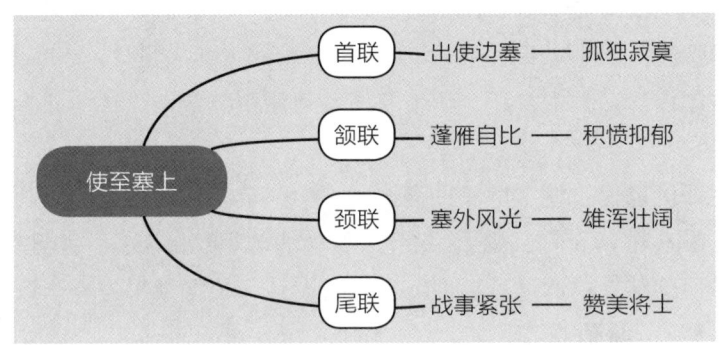

六、方法与策略

学生是语文学习的主人，语文课堂要焕发生命活力，就要让学生在课堂上彰显自己的个性。因此，根据学习目标和学习重难点，教学方法选择情境教学法、问题驱动法、合作探究法。

"兴趣是最好的老师"。本节课一开始，就利用情境教学法，创设生动的教学情境，让学生理解整首诗的创作背景，主动学习；接下来，通过问题驱动的形式，巧设问题，点拨学生的思路，引导学生对每一联诗进行赏析；最后，通过小组合作探究，给每位学生提供充分思考、讨论的时间，引导学生根据已有的经验、知识的积累等，大胆地各抒己见。

七、作业设计

中共中央办公厅、国务院办公厅印发的《关于进一步减轻义务教育阶段学生作业负担和校外培训负担的意见》指出：提高作业设计质量，发挥作业诊断、巩固、学情分析等功能，鼓励布置分层、弹性和个性化作业。

依据文件精神，结合本节课的内容，作业设置如下：

基础性作业：默写《使至塞上》，并归纳诗歌主旨。

实践性作业：用自己的话向同桌解释王维的四条朋友圈分别是什么意思。

设计性作业：请画出诗歌颈联所描绘的画面，并在旁边写出它美在哪里。

八、学习评价

依据2020年10月中共中央 国务院印发的《深化新时代教育评价改革总体方案》，实现以评促学、以评促教的评价目的。本节课评价从多主体评价、强化过程评价、改进结果评价、多元办法评价四方面去设计。

多主体评价：学生自评、学生互评、师评相结合，设计《课堂自我评价量表》。

强化评价过程：整个学习过程按照"学一学、评一评"的原则，明确评价活动与具体教学环节相融合，设计《教学活动观察量表》，并进行评价。

改进评价结果：通过达标训练和作业设计，根据结果进一步评价学生思维、情感态度、价值观等。

多元办法评价：基础性作业评价、实践性作业评价、探究性作业评价、课堂评价、作业展示等多元办法评价。

课堂自我评价量表

指标	完全掌握	掌握一般	掌握不佳
我能通过情境创设，理解诗歌的写作背景			
我能结合课下注释，理解诗歌的主要内容			
我能有感情地朗读并背诵诗歌			
我能领悟"大漠孤烟直，长河落日圆"一联所描绘的意境美			
我能结合写作背景和诗歌内容，体会诗人的孤寂			

课堂观察学生学习行为量表

执教者资料	姓名		单位			课题	
观察者资料	姓名		单位			课时	
观察中心		某范围学生课堂学习行为（　）人					

观察记录	教学内容	观察	思考	发言	讨论	倾听	书写	操作

分析	

Unit 4 *Where is my schoolbag?* Period 1
教学设计
高杨森

第一部分 课标要求

《义务教育英语课程标准》对本节课的具体要求是：

内容要求：

学生能与教师及同学就物品放置的方位交换信息，能通过图片等简要描述房中物品位置。

学业要求：

能在具体语境中理解并运用恰当的语言形式描述物体位置；能用短语或句子描述系列图片，编写简单的故事。在学习中积极思考，主动探究，交流合作，提高语言运用能力、逻辑思维能力、创新思维能力。

第二部分 教学设计

一、学情分析

从知识储备来看，七年级的学生已经有了一定的语言基础知识和听说能力。学生通过对前几个单元的学习，能够简单运用含有be动词的特殊疑问句和可数名词的单复数描述身边的物品，同时也具备了一定的学习能力和表达能力，可以通过自主学习与合作学习分析问题、解决问题，这为本节课的学习奠定了基础。

从个人能力方面来说，七年级学生非常活跃，渴望表达。因此，教师在授课中创设真实语境与交际情境，充分利用多媒体、图片、实物等，使英语学习与学生的实际生活更贴近，激发学生的学习兴趣，同时，组织一些不同的个人活动、同伴活动、小组活动，给学生提供更多的与他人合作的机会，让每个学生在课堂上动起来，积极参与教学活动。

二、教材解析

本节课使用的是人教版英语教材，本节课内容属于七年级英语上册Go for it第四单元的第一课时。本单元的话题涉及学生的日常生活，有助于激发学生的学习兴趣，提高学生的交际能力。通过学习，学生能够了解自己的家居环境，热爱自己的家，热爱学校，热爱国家，同时养成保持环境整洁的好习惯。本单元学习"房子周围的物品"。在前面单元所学be动词和可数名词单复数的基础上，本节课主要以听说为主，运用句型Where's ...? It's in/on/under... Where are...? they're in/on/under...学习如何表达物品的位置，并能对物品位置进行提问与回答。通过对话询问物品位置、观察图片找不同、实物操练等系列活动，让学生在交流中学习语言知识，培养运用语言知识的能力，激发创新精神，同时为下一单元含有实意动词的一般疑问句学习打好基础。

三、设计理念

《义务教育英语课程标准》指出：这一课程体系以培养学生的综合语言运用能力为目标，根据语言学习规律和义务教育阶段学生的发展需求，从语言技能、语言知识、情感态度、学习策略、文化意识等5个方面设计课程目标。新的教学理念注重优化学习过程，引导学生形成有效的学习策略和一定的文化意识，培养学生积极向上的情感态度和价值观。

《义务教育英语课程标准》针对本单元教学内容及分级目标，课标中提出学生能与教师及同学就物品放置的方位交换信息，能通过图片等简要描述房间中物品位置。

因此，本节课采用多元智能理论，运用实物、多媒体、图片等设计活动，调动学生的学习积极性。采用任务型教学法与情景交际法，运用思维导图帮助学生查找规律与联系记忆词汇，运用名词的单复数形式和表示位置的常用介词来描述房间物品位置，使学生能够由词组表达到语句练习再到情景交流，培养运用语言知识的能力。学生通过小组学习、小组对话、讨论等一系列的课堂活动，培养学生的合作精神；同时，学生通过自主学习与合作学习养成良好的学习、生活习惯，学会整齐摆放自己的物品，掌握良好的学习方法。

四、教学目标

（1）学生通过真实情景对话，能够学会运用方位介词in，on，under，where句型谈论物品所在的位置。学生通过小组活动，能够运用正确的表达方式询问和回答房间中物品的名称和它们的位置。

（2）通过描述物品位置、观看图片找不同、对话练习、听对话回答问题等系列活动，使学生学会运用目标语言表述物品位置，听关键词来推测词义等方法，提高学生的英语水平。通过小组合作与探究，使学生养成良好的合作意识，并能够大胆地表达自己的想法和意愿。

（3）学生在描述物品位置的学习中获得英语学习的乐趣，养成整齐摆放自己物品的生活习惯，在生活中做到爱自己的家、爱校园、爱祖国。

五、教学重点与难点

根据课标要求和学情，确定重难点如下：

教学重点：

（1）掌握介词in，on，under的用法。

（2）熟练运用where引导的特殊疑问句及回答。

教学难点：

（1）学会正确描述物品所在的位置。

（2）学会询问自己或他人物品的具体位置。

六、资源与工具

视频、图片和实物。

七、预设过程及内容

通过回忆旧知，建立新旧知识联系→情境创设，呈现新知→思维导图，整理所学物品→听前视频学习方位介词→实物操练，拓展成句→听中情境练习物体位置→听后活动，情境交流等环节→小结评价实现教学目标。

Procedures	Learning Activities	Teaching Purposes
Pre-task	Step1 Revision Greet the class. Show a picture of things and play a game. Quick eyes. Let students say the things in English. (There is a ruler, a pen, a pencil and other things on the blackboard they have learned.) The teacher uses the following structure to ask students : " What's this?/What are these? What color is it? How do you spell it?" And then students answer the questions : It's... /They are...	Catch students attention about the class. To Revise the words and structure students have learned.
While-task	Step 2 Presentation Show a picture of Jack's room and let students say what things in the room Students look and say the things in the room. Then the teacher uses ppt to show the words and their pronunciation. Students read after Teacher. Mind-map. Ask students summarize the furniture we have learned in this class Step 3 Practice Ask students to look at the picture of 1a and speak out the things in the picture. Get students to match the words with the things in the picture of 1a. Step 4 Listening 1.Pre-listening	(1) to get to know something about the furniture. (2) To have a better understanding about the target language. Get students to practice the target language.

Procedures	Learning Activities	Teaching Purposes

	Task 1 Class work:
	Present the prepositions by playing a short video. And let students sing together. After watching the video, the teacher asks " How many preposition can you see in the video? What are they?" Then the students answer the questions one by one.
	Present the prepositions(on, in, under) by showing the position of two balls.
	Task 2 Individual work:
	Let students play a game. Ask students look at the pen in the teacher's hand and say the right places of the pen.
	- "Where is the pen?"
	-It is ____ the box.
	Get students know how to ask and answer the position of things by showing the sentences.
	- Where is ...? -It's …
	-Where are …? -They are...
	Task 3 Group work:
	Let students practice the target language by using the structure:
	A: Where is...?
	B: It's in/on/under...
	   Where are...?
	C: They are in/on/under...
	   Where are...?
	D: ...
	E: ...
	2. While-listening
	Task: Individual work
	(1)Play the recording of 1b and get students to number the things in the picture.
	(2) Play it once again to fill the blanks.
		(1) Enable students to listen and understand the listening material better by using listening skills.
		(2) Help students to learn the prepositions of places.
		(3) Use the game to active the atmosphere and increase students' interests in English.
		(4) Group work and pair work develop the students' ability of communication and their ability of co-operation.

Procedures	Learning Activities	Teaching Purposes
	3. After-listening Task 1. Pair work Ask students to imagine their ideal room make conversations such as following A: Excuse me.Where is the ...? B: It's on/in/under the... A: Where are the...? B: They're on/in/under A: How about...? B: It's/They're... A:Thank you. B:You are welcome. Task 2. Group work There are four differences in the two pictures and get students to find them by using the following structure: In picture A, ⋯is/are on/in/under⋯. In picture B⋯	
Post-task	Step 5 Summary Present two room pictures (one is tidy, the other is untidy). Summarize what we have learned this lesson by using the mind-map.	Help students try to keep the rooms clean and put everything in order.

Homework：
Write at least five sentences by using prepositions to describe things in your room.
Do a pair work with your partner to ask things around your room.
Draw a picture of your ideal room and describe it.

Procedures	Learning Activities	Teaching Purposes
	On the blackboard: Unit 4 Where is my schoolbag? Section A 1a-1c Ⅰ.Words furniture: bookcase(s), bed(s), sofa(s), table(s), chair(s), desk(s) Position: on, between, in, in front of, under, side, behind Ⅱ. Structure Where's +sb./ sth.? It's on/ in/ under + sp. Where are + sb./ sth.? They're + in/ on/ under + sp. Reflection:	

八、方法与策略

通过目标和本节课的特点，选择情景教学法、交际法、任务型教学法。学生自主学习，通过小组合作与交流、小组活动展示等学会运用听关键词、推测词义等方法，提高学生英语学习水平。通过丰富的活动，使学生体会英语乐趣，激发创新思维，热爱英语课堂。

通过情境创设了解身边物品，回答为什么学。

通过实物操练、视频观看、自主归纳理解，回答怎样学。

通过小组交流合作展示，两两情景对话活动，回答学得怎么样。

九、作业设计

中共中央办公厅、国务院办公厅印发的《关于进一步减轻义务教育阶段学生作业负担和校外培训负担的意见》指出：提高作业设计质量，发挥作业诊断、巩固、学情分析等功能，鼓励布置分层、弹性和个性化作业。

依据文件精神，结合本节课的内容，在作业设计方面可以增强作业的实用性，让学生在日常实践中运用英语，将英语与生活结合起来。另外，还可以布置形式多样、趣味性强的作业，激发学生的学习动机。本节课的作业设置如下：

基础性作业：参照你房间里的东西，用介词in，on，under写五个句子。

实践性作业：两两结对参观并交流彼此家中物品摆放位置，下节课课前展示对话。

拓展性作业：请画出你理想的房子，并用文章介绍屋内物品摆放的位置。

十、学习评价

多主体评价。学生自评与他评相结合。评价主体与评价客体互动，评价对象不断积淀，优化自我素质结构，不断完善自我、发展自我。在评价中设计《学生课堂表现评价量表》帮助评价。

多样性评价。教师对学生在课堂上口头回答的表现进行评价，学生通过建立英语学习档案袋、英语学习自评表进行自评。

学生课堂表现评价量表

项目	评价内容	评价标准	个人评价	同学评价	教师评价
学习能力	1．举手发言，积极表达自己的意见	a=积极；b=一般；c=不积极			
	2．参与活动，完成小组分配的任务	a=积极；b=一般；c=不积极			
	3．认真情况(做练习、讨论、思考)	a=认真；b=一般；c=不认真			
	4．对英语学习的好奇心与求知欲	a=强；b=一般；c=没有			
	5．认真听取别人意见并询问	a=能；b=一般；c=不能			
语言能力	6．能掌握规定的词汇、句型及语法知识	a=能；b=基本；c=不能			
	7．语音、语调基本正确,有节奏感，吐字清晰，较熟练				
	8．能根据录音完成相应练习				
	9．能灵活运用所学在虚拟情境中交流，语言流畅				
思维品质	10．能通过活动练习总结本节课语言规律	a=能；b=一般；c=不能			
	11．能创造性地运用所学表演对话，参与活动				
文化品格	12．乐于表达，有自信				
	13．能感悟本节课的情感态度				
我眼中的自己					
同伴眼中的我					
老师眼中的我					

《国家好 大家才会好》教学设计

王 仪

一、学情分析

从知识储备来看，学生未进入"国家利益"板块的学习，思想还不成熟，社会经验欠缺，对于国家利益的认识存在不少误区。学生能够认同爱国是一种美好的情感，但不清楚如何理智地、合理地在生活中表达爱国情感；学生也认同当个人利益和国家利益发生冲突时应该以国家利益为重，但是放在具体情境中又不知道该怎么处理个人利益和国家利益的关系。

从个人能力来讲，学生进入初中阶段后，认知能力和思维水平有了很大提高，能够开始用联系的、发展的、全面的观点分析国家和社会现象。初中阶段是学生的世界观、人生观、价值观形成的关键时期，这个阶段，帮助学生形成正确的国家利益观，引导他们正确处理好国家利益与个人利益之间的关系，对初中学生的健康成长具有重要意义。

二、教材解析

本框属于《道德与法治》统编教材八年级上册第八课《国家利益至上》第一框题，主要帮助学生了解什么是国家利益，国家利益包括哪些内容，国家利益和个人利益之间的关系等。

本框旨在帮助学生认识维护国家利益的重要性，正确认识国家利益与人民利益的关系，增强维护国家利益的意识，树立正确的国家利益观，提高辨析各种爱国观念和行为的能力，使自己的爱国情感更加理性、深沉。

本框题包括两目，第一目"认识国家利益"主要引导学生正确认识、了解国家利益的内涵和外延，以及国家核心利益的基本内容。第二目"国家利益是人民利益的集中体现"，主要是引导学生认识到，当代中国，国家利益和人民利益相辅相成，是高度统一的。最后，教材引导学生认识到国家利益和人民利益紧密联系在一起。

三、教学目标

（1）通过观看微课，了解国家利益的内涵和外延，知道国家核心利益的基本内容。

（2）通过分析新年愿望和解读"双减"政策，理解国家利益与人民利益的关系，提高对国家政策的认同感。

（3）基于习近平总书记"国之大者"重要论述的学习，提高政治认同，增强爱国情感。

四、教学重点与难点

根据课标要求以及学情，确定以下重难点：

1. 教学重点

国家利益是人民利益的集中表现。

2. 教学难点

国家利益是人民利益的集中表现；国家利益的内涵和外延。

五、预设过程及内容

（一）图片导入

展示两组照片。

提问：

（1）两组照片的对比说明了什么？

（2）同在一个地球，为什么两国孩子境遇相差这么大？

预设：

（1）国衰我耻，国兴我荣。

（2）国家好，大家才会好。只有国家繁荣昌盛，社会才能和谐稳定，人民才能幸福安康。

过渡：国家利益是实现国家富强、民族振兴和人民幸福的重要保障，维护国家利益也是维护我们每个公民的基本利益，这一节课就让我们一起走进"国家利益"。

（二）探究新知

■ 环节一：走进国家利益

播放微课，提问：

（1）国家利益的内涵是什么？

（2）国家利益的外延是什么？

（3）国家核心利益的内容是什么？

预设：

（1）一个主权国家在国际社会中生存需求和发展需求的总和就是国家利益，包括人口、领土、主权、政权等，它们关系到民族生存和国家兴亡。这就是国家利益。

（2）国家利益涉及政治、经济、文化、社会、军事等领域，包括安全利益、政治利益、经济利益、文化利益等。其中，有些利益关乎国家和民族的生死存亡，是国家的核心利益。

（3）国家核心利益：国家主权，国家安全，领土完整，国家统一，宪法确立的国家政治制度和社会大局稳定，经济社会可持续发展的基本保障。

小试牛刀：国家利益我知道

小组展示：成立三沙市政府、保护文化遗产、坚守18亿亩耕地红线、保卫祖国领空等举措的目的和意义。

■ 环节二：新年说愿望

提问：现在已经是2023年啦！

（1）在新的一年，你的愿望是什么？

（2）人民愿望和国家利益的关系是什么？

预设：

学习进步、家庭和睦、国家富强。

国家利益反映广大人民的共同需求，是人民利益的集中表现。国家利益至上，人民利益高于一切，二者相辅相成。

■ 环节三：我的梦 中国梦

1. 生命至上，这样很中国

面对突如其来的疫情，以习近平同志为核心的党中央始终把人民生命安全和身体健康放在第一位，总书记亲自指挥、亲自部署，统揽全局、果断决策，从强调"应收尽收、应治尽治"，到"保护人民生命安全和身体健康可以不惜一切代价"，再到"人民安全是国家安全的基石"，一系列重要指示和部署有力诠释了以人民为中心的发展思想，充分体现了人民至上、生命至上的执政理念和价值追求。正是坚持人民至上，疫情防控阻击战才能取得重大战略成果，才更加彰显我国的体制优势、体系优势、体量优势，才更加焕发出同舟共济、患难与共、顾全大局、无私奉献、白衣执甲、逆行出征，闻令而动、能打硬仗的抗疫精神。我们要牢记人民利益高于一切，始终把人民放在心中最高位置，以实际行动守护人民生命安全和身体健康。

思考：

（1）材料中出现哪些人民利益？

（2）人民利益如何得到真正的维护？

预设：

（1）财产权、生命权。

（2）人民利益靠国家维护。人民利益只有上升、集中到国家利益，运用国家的工具，才能得到真正的维护。

■ 环节四：中国梦　我的梦

播放抗疫视频，提问：

（1）视频中出现了哪些国家核心利益？

（2）国家利益的实现依靠什么？

预设：

（1）社会大局稳定。

（2）国家利益的实现离不开人民。

国家利益只有反映人民利益，依靠人民艰苦奋斗，才能得到真正的实现。

■ 环节五：共筑中国梦

习近平总书记强调：实现中华民族的伟大复兴，就是中华民族近代以来最伟大的梦想。这个梦想，凝聚了几代中国人的夙愿，体现了中华民族和中国人民的整体利益，是每一个中华儿女的共同期盼。

提问：体现了国家利益和人民利益的什么关系？

预设：国家利益与人民利益是高度统一的。

（三）拓展延伸——习语近人

一位村民激动地说："总书记，您平时这么忙，还来看我们，真的感谢您！"

习近平总书记回答道："我忙就是忙这些事，'国之大者'就是人民的幸福生活。"

（四）课堂小结

有国家强盛才有国民尊严，有民族崛起才有人民福祉。通过本节课的学习，我们了解了国家利益的含义以及其核心利益，同时也认识到了国家利益与我们个人的紧密关系，既是相辅相成，又是高度统一的。所以只有国家好，大家才会好，我们要心怀爱国之情，为维护国家利益奉献自己的一份力量。

六、方法与策略

国家利益涉及很多政治学知识，学生需对国家利益的内涵、外延、表现等相关理论知识进行储备。因此，教师需要充分挖掘教学资源，从国家"双减"政策和学生现实生活的结合点入手，运用教学资源实施教学，尽量满足初中学生对国家政策和现实生活实际问题的关切，增强学生对国家政策的认同感。基于学习目标和重难点，选择了微课教学、小组合作法、情境教学法等教学方法。

微课形式新颖，能很好地吸引学生的注意力，帮助学生理解基础知识，促进学生形成正确的价值观，增强学生对于国家的认同感。学生通过小组合作探究"双减"政策，各抒己见，既明确了国家利益和人民利益的关系，又增强了政治认同。

七、作业设计

2021年7月，中共中央办公厅、国务院办公厅印发的《关于进一步减轻义务教育阶段学生作业负担和校外培训负担的意见》指出：提高作业设计质量，发挥作业诊断、巩固、学情分析等功能，鼓励布置分层、弹性和个性化作业。

依据文件精神，结合本节课的内容，作业设置如下：

基础性作业：默写国家利益与人民利益的关系。

实践性作业：以质朴的语言，表达对祖国最深厚、最纯洁、最高尚和最神圣的爱，完成"国之大者"演讲稿。

设计性作业：以天安门简笔画为底稿，画出本课思维导图。

八、学习评价

项目	A级	B级	C级	个人评价	同学评价	教师评价
认真	上课认真听讲，作业认真，参与讨论态度认真	上课能认真听讲，作业按时完成，有参与讨论	上课无心听讲，经常欠交作业，极少参与讨论			
积极	积极举手发言，积极参与讨论与交流，大量阅读课外读物	能举手发言，有参与讨论与交流，有阅读课外读物	很少举手，极少参与讨论与交流，没有阅读课外读物			
自信	大胆提出和别人不同的问题，大胆尝试并表达自己的想法	能提出自己的不同看法，并作出尝试	不敢提出和别人不同的问题，不敢尝试和表达自己的想法			
善于与人合作	善于与人合作，虚心听取别人的意见	能与人合作，能接受别人的意见	缺乏与人合作的精神，难以听进别人的意见			
思维的条理性	能有条理地表达自己的意见，解决问题的过程清楚，做事有计划	能表达自己的意见，有解决问题的能力，但条理性差	不能准确表达自己的意思，做事缺乏计划性和条理性，不能独立解决问题			
思维的创造性	具有创造性思维，能用不同的方法解决问题，能独立思考	能用老师提供的方法解决问题，有一定的思考能力和创造性	思考能力差，缺乏创造性，不能独自解决问题			

《北魏政治和北方民族大交融》教学设计

李 添

一、学情分析

七年级学生年龄较小,其阅读量和知识面有限,需要大量的图激发学生的兴趣,帮助学生理解这条比较混乱的历史线,真正懂得孝文帝改革促进民族交融及其对中华民族发展的意义。

本课采用情境教学法、合作探究法等多种教法,激发学生的学习兴趣,采用自主学习法、探究学习法等多种学法,充分体现以学生为主体的宗旨,培养学生的学习能力,落实本课的知识目标和德育目标。

二、教材解析

历史课程是人文社会科学中的一门基础课程,对学生的全面发展和终身发展有着重要的意义。义务教育阶段的历史课程,是在唯物史观的指导下,弘扬以爱国主义为核心的民族精神和以改革创新为核心的时代精神,传承人类文明的优秀传统,使学生了解和认识人类社会的发展历程,更好地认识当代中国和当今世界。学生通过历史课程的学习,初步学会从历史的角度观察和思考社会与人生,从历史中汲取智慧,逐步树立正确的世界观、人生观、价值观,提高综合素质,得到全面发展。

中华民族的组成丰富,中华文明不单单是哪一个民族的文明,是各民族共同努力、付出的结果。通过本节课的学习,学生感知历史时期中华民族的民族交融,正确认识今天如何把握民族关系,处理民族问题,树立民族观念。

魏晋南北朝时期是我国民族交融时期。本节课主要学习三部分内容:淝水之战、北魏孝文帝改革、北方地区的民族交融。三部分内容通过论述前秦和北魏这两个少数民族政权不同的统治措施及结果,凸显民族交融的历史潮流。

三、设计思想

《义务教育历史课程标准》指出,面向全体学生,从培养学生的历史素养和人文素养出发,遵循历史教育规律,充分发挥历史教育功能,使学生掌握中外历史基础知识,初步掌握学习历史的方法,提高历史学习能力,逐步形成对历史的正确认识并提高正确认识现实的能力,达到课程目标的要求。

淝水之战、北魏孝文帝改革、北方地区的民族交融都是中华民族历史过程中民族交融的表现形式,分别为战争、改革、生活习俗。本节课通过对三种不同方式的讲解,让学生了解战争和改革也是交融的一种,认知中华民族的形成及中华民族的发展。

四、教学目标

根据学生的现有状态和认知水平,提出以下教学目标:

(1)了解淝水之战、北魏孝文帝改革、北方地区的民族交融等基本史实,思考并认识历史发展的必然性。

(2)通过学生阅读理解教材,概括归纳孝文帝的主要改革措施,初步培养学生分析归纳概括历史问题的能力。

(3)通过对北魏孝文帝改革的内容和影响的分析,使学生进一步认识到凡是符合历史发展趋势和人民愿望的改革必能起到推动社会经济发展的作用。认识到中华民族的历史是由各民族共同缔造的,初步树立维护民族团结的民族观。

五、教学重点与难点

在提出目标和分析学情的过程中,提出本课的重难点。

重点:北魏孝文帝改革;北方地区的民族交融。

难点:理解民族交往、交流和交融对中华民族发展的意义。

六、资源与工具

国家教育政策相关文件、《义务教育历史课程标准》、教科书、中学历史教学园地、学科网。

七、预设过程及内容

（一）激趣导入

同学们，今天老师又带来了新的任务，大家准备好迎接挑战了吗？

有一个民族总是很自信，你们知道哪个民族吗？鲜卑族，今天中国56个民族中还有它吗？那这个民族就从历史中消失了，没有留下一点痕迹吗？今天我们就走近这段历史，去了解、去感受。

学习目标：

（1）掌握淝水之战的基本史实。

（2）熟记北魏孝文帝改革的主要内容和影响。

（3）认识到中华民族的历史是由各民族共同缔造的，初步树立维护民族团结的民族观。

（二）探究新知

1. 兵戈声中悟交融——淝水之战

西晋灭亡后，北方地区陷入严重的战乱，北方各族先后建立了许多政权，总称为"十六国"。其中氐族人建立了前秦政权，皇帝苻坚重用汉人王猛为相，励精图治，锐意改革，前秦迅速强大起来，消灭了其他割据政权，统一了黄河流域。强大后的前秦与东晋形成了南北对峙的局面。

前秦势力的壮大和北方地区的统一，使苻坚增长了骄傲自满的情绪。他不听王猛临死时嘱咐他不要伐晋之言，召集大臣议伐晋之事，不顾群臣反对大举伐晋，并与晋军在淝水展开了一场战争，这就是历史上著名的淝水之战。

【仔细阅读课文，归纳表格内容】

项目	内容
交战双方	前秦—东晋
时间	383年
结果	东晋打败前秦

续表

特点	以少胜多
影响	加速了前秦的衰败，让东晋得到了稳定，影响了南北方的政治局势

【抢答环节】想一想：我们学过的以少胜多的战役还有哪些？
（巨鹿之战、官渡之战、赤壁之战）

【小小故事家】讲述淝水之战，要用到本课导语中的四个成语，即"风声鹤唳""草木皆兵""投鞭断流""东山再起"。（学生讲述）

设计意图：通过小的活动环节，改变学生以往的等待学习的模式。

教师呈现：投鞭断流何雄壮，风声鹤唳究可哀，草木皆兵成一梦，东山再起新剧开。

【问题探究】淝水之战以前秦的失败告终，请大家思考：苻坚拥兵80多万，却不能统一江南，这究竟是为什么？

从材料中分析：

材料一：370年车骑十六万灭前燕；371年步骑七万灭仇池；373年五万攻取梁、益二州；374年五万甲士平定叛乱；376年三十万大军灭代国；378年十七万人攻取襄阳；383年战争前，朝臣皆反对出兵。

材料二：苻融（苻坚之弟）哭着对苻坚说出自己最大的心事：鲜卑人、羌人、羯人布满在长安附近一带，他们都是前秦的仇敌，大军一旦东下，关中会发生极大危险。

——王仲荦《魏晋南北朝史》

材料三：出师前，苻坚自恃兵多势强，号称自己的百万大军"投鞭于江，足断其流"。

——《晋书》

过渡：淝水之战后，前秦的统治瓦解，北方重新陷入割据混战的状态。最后结束北方混乱局面的是哪一政权呢？

2. 改革潮中观交融——北魏孝文帝改革

4世纪后期，鲜卑族拓跋部建立北魏。439年，北魏统一北方，结束了十六国以来分裂割据的局面。

【阅读鲜卑族的名片】思考北魏"马上得天下",可否"马上治天下"?

这种状况下,鲜卑族能够治理好广大的北方地区吗?

鲜卑族名片	
类　　别	游牧民族
姓氏特点	拓跋、独孤氏、尉迟氏等(多为二三字的复姓)
生活习惯	以狩猎、游牧及畜牧为主
政治制度	诸部军事行政联合体
继承制度	父死子继,兄死弟及
文　　化	无文字,以图画记事

所以,改革迫在眉睫。学习汉族先进文化:缓和阶级矛盾,巩固统治。

【了解孝文帝的生平】阅读课本,总结孝文帝改革的措施有哪些?

(三)体验发现

【合作探究】阅读下列材料,用精练的语言概括北魏孝文帝的改革措施。

设计意图:情景剧的设置吸引了学生后半节课的注意力,同时,培养了学生合作与探究的精神。

第1问:北魏为什么要迁都?说出洛阳和平城(今山西大同)相比具有哪些优势?

(1)政治上,平城保守势力大,改革会受阻;洛阳是多个朝代的都城,代表天下之中。

(2)经济上,平城经济落后,洛阳经济富庶。

(3)文化上,洛阳汉文化积淀深,有"得洛阳者安天下之说"。

(4)地理上,平城地理位置偏僻闭塞;洛阳四通八达,交通便利。

第2问:公主最有可能嫁给哪个民族的人?

鼓励鲜卑贵族和汉族贵族联姻。

第3问:两位鲜卑族官员刘太守、元丞相原来姓什么?你还知道哪些姓氏的变化?这样做的目的是什么?

前两个问题结合学习的内容自由发挥，各抒己见；目的：促进民族交融。

第4问：刘太守为什么被罚三个月俸禄？

未使用汉语。

第5问：元丞相为什么也被罚俸禄？

官员及家属必须穿戴汉族服饰。

【材料研读】

> 南朝的官员陈庆之出使北方，目睹了洛阳的风貌，感慨地说："以前以为长江以北都是落后的'异族'风气，现在才知道中原地区礼仪兴盛，人才济济，难以言传。"
>
> 《洛阳伽蓝记》

问题：概括孝文帝改革起到了什么作用？

增强了北魏的实力，促进了民族交融。

3．胡风汉韵品交融——北方地区的民族融合

展示照片，看看从哪些方面交融。

【小组合作探究】阅读 P 88，简述魏晋以来北方地区的民族交融的具体表现（从生产生活方式、政治制度、思想文化、民族心理、社会习俗等方面入手）。

领域	表现
生产生活	各民族相互学习
政治制度	少数民族学习汉族的君主专制
思想文化	少数民族学习汉族文化
社会习俗	各民族相互借鉴吸收
民族心理	民族隔阂与民族偏见逐渐减少

（四）拓展延伸

"民族交融"的概念？

民族交融是指各民族共同生活、彼此学习、共同发展、逐渐交融的过程，包括经济生活、文化语言、风俗习惯等互相影响，趋向一致，是一种进步的历史现象。

这种北方民族大交融有怎样的影响？

北方地区民族的交往、交流与交融为中华民族的发展注入了新的活力，进一步丰富了中华民族的物质文化和精神文化，为以后隋唐时期统一的多民族国家的繁荣与发展奠定了基础。

（五）课堂训练

思考题：评价北魏孝文帝改革。

设计意图：培养学生辩证地看待历史人物或历史事件的能力，了解历史唯物史观。

（六）课堂小结

今天，我们学习了北魏政治和北方民族大融合，孝文帝实行的一系列改革措施，顺应了历史发展的潮流，促进了北方民族的融合。虽然鲜卑族是古代的游牧民族，但它却凭借自信和坚韧促进了整个中华民族的发展。我们要实现中国梦就必须要顺应潮流，坚持改革开放，积极吸收、借鉴国外其他民族的一切优秀文明成果；实现中国梦，还必须树立民族平等、民族团结和各民族共同繁荣的意识，各民族间要相互交流，取长补短。

（七）板书设计

第19课　北魏政治和北方民族大融合

战争：淝水之战　⎫
改革：北魏孝文帝改革　⎬　统一与发展
习俗：北方各族　⎭

八、方法与策略

根据目标和本节课的特点，教法选择合作探究法、情境教学法、小组讨论法，学法选择自主、合作、探究、讨论、展示。以民族交融为主线，包含三部分内容：战争、改革、习俗。

九、作业设计

制作表格，对比商鞅变法和北魏孝文帝改革。

十、学习评价

多主体评价：学生评价的主体不仅仅包括老师，还有学生小组评，学生自评与他评。通过评价主体与客体的多向互动，使评价对象通过评价不断积淀，优化自我素质结构，不断完善自我、发展自我。设计《学生课堂表现评价量表》帮助评价。

学生课堂表现评价量表

项目	因素	说明	个人评价	同学评价	教师评价
情感与态度	1．举手发言	a=积极；b=一般；c=不积极			
	2．参与活动	a=积极；b=一般；c=不积极			
	3．认真情况（做作业、讨论、思考）	a=认真；b=一般；c=不认真			
	4．对历史学习的好奇心与求知欲	a=强；b=一般；c=没有			
	5．克服困难的意志与自信心	a=强；b=一般；c=没有			
	6．学习有兴趣，能主动对课堂内外的历史现象进行了解	a=积极；b=一般；c=不积极			

续表

项目	因素	说明	个人评价	同学评价	教师评价
知识与技能	7．能掌握基础的历史知识	a=能；b=基本；c=不能			
	8．能理解科技文化与当时社会背景的联系				
	9．能完成相应的练习				
思维与方法	10．思维的创造性（独立思考，从不同的角度提出问题，用不同方法解决问题）	a=能；b=一般；c=不能			
	11．解决问题的策略、方法	a=较好；b=一般；c=不好			
交流与合作	12．认真听取别人意见并询问	a=能；b=一般；c=不能			
	13．积极表达自己意见				
	14．完成小组分配的任务				

《天气与气候》教学设计

申雨晨

一、学情分析

1. 学生知识储备

学生已经学习气温和降水变化相关内容,经过近一个学期的学习,基本掌握了读图方法,也能从资料中提取有用的信息,为本课时的学习打下良好的基础。

2. 学生生活经验

学习本课时之前,学生在生活中虽然也会了解近期的天气和气温,但对天气预报的内容实质并不了解,更不会看卫星云图和天气预报图。

二、教材解析

《天气与气候》选自中图版地理七年级上册第三章"复杂多样的自然环境"第三节"天气与气候"第一课时"认识天气"。本节课主要学习中国的地形、气候、河流、湖泊等自然要素。通过这一章的学习,可以了解地形、气候等自然地理要素在地理环境形成中的作用,了解我国的自然环境,为以后的学习做铺垫。

天气预报与生产建设和日常生活关系十分密切。义务教育是提高公民素质的教育,为了提高全体公民的文化素质,普及天气预报知识,更好地发挥天气预报服务生产生活的作用,特把"天气预报"列在第一部分讲授。

本节课涉及的内容是学习中国地理的基础,即天气预报和中国气候的主要特征。通过本节课的学习,可以激发学生热爱祖国的情感,帮助学生树立求真、求实的科学态度。

三、教学目标

（1）学生掌握"天气"与"气候"的概念，并分析二者的区别和联系。

（2）学生记住在卫星云图中不同颜色所代表的含义以及主要天气符号，能看懂简单的天气预报图。

（3）学生通过了解我国研制的风云二号气象卫星图，以及利用卫星云图大大提高了天气预报的准确率的事实，为祖国取得的科学技术成就而自豪。

四、教学重点与难点

重点：区分天气与气候，能看懂简单的天气图。
难点：风向的识别。

五、预设过程及内容

（一）激趣导入

播放海尔兄弟动画片《雷欧之歌》。

我们在这首《雷欧之歌》中听到了很多词语，如打雷、下雨、天冷、天热等。大家知道这几个词语都是对什么的描述吗？（天气）

设计意图：学生听过《雷欧之歌》，歌曲中对于天气的描述可以引起学生对于本节课的兴趣，调动学生学习的积极性。

天气是人们经常谈论的话题，这节课我们就一起来探讨天气。

（二）探究新知

1. 天气与气候

同学们自主阅读课本P18页，总结天气和气候的区别，举手回答。

（思考1）想一想：

（1）什么是天气？什么是气候？

（2）天气和气候之间有什么区别和联系。

天气指一个地方短时间内大气的变化状况，例如风雨、阴晴、冷热等；气候指一个地区多年的平均天气状况，气温和降水是气候的两个基本要素。

区别与联系：天气，一般是短时间的，多变的；气候一般是长时间的，变化不大，较稳定；但两者都是指一个地区的天气状况。

设计意图：课本上有相关概念的介绍，学生通过自主阅读，进行理解与区分，可以加深学习印象；学生通过教师讲解介绍，可以加深对于相关概念的理解。

（活动1）判断下列句子哪些是描述天气的，哪些是描述气候的，小组派代表进行抢答。

①昆明四季如春（气候）

②东边日出西边雨（天气）

③明天大风降温（天气）

④天高秋月明（气候）

⑤夜来风雨声，花落知多少（天气）

⑥极地地区全年严寒（气候）

设计意图："小组抢答"的形式不仅能激发学生的学习兴趣，还能使学生在活动中正确理解天气与气候的区别。

2．天气预报

（1）作用。

视频：天气预报。

通过收看或收听天气预报，知道一日或短期内的天气情况。

设计意图：学生平时会收看或者收听天气预报，但只是看一看或听一听，对于天气预报的具体描述并不清楚。通过学习，让学生了解天气预报的具体播报内容，为后续教学内容进行铺垫。

（2）卫星云图。

学生自主阅读课本P79页，观看PPT中卫星云图变化，进行总结。

在卫星云图中，绿色或棕色表示陆地；蓝色表示海洋；白色代表云团，云团越白，表示云层越厚，云层厚的地方一般是阴雨区。

扩展阅读：课本P79《台风》。

（3）常用天气符号。

我们可以通过哪些途径获知天气预报？（电脑上查询，打开浏览器搜索当地天气预报或者下载天气预报客户端；电话查询，气象服务电话12121；

电视上天气预报节目查看；手机上网查询，打开手机浏览器搜索当地天气预报或下载天气预报APP。）

天气预报图是天气预报的主要表现形式，主要通过一系列的天气符号来表示各地不同的天气情况。

展示课本P80图D中"常用的天气符号"，学生说一说这些天气符号代表的含义。

展示"风向与风力示意图"：气象学中把风吹来的方向确定为风向。因此，来自北方的风叫作北风，来自南方的风叫作南风。风力表示风的强弱，级数越大，风力越强。

（活动2）展示"风标示意图"：请判断出现的是什么风？

（活动3）对课本中的天气符号进行限时记忆，并抢答PPT中给出的天气符号。

设计意图：通过限时记忆与抢答游戏，加深学生对于天气符号的记忆。

（活动4）"小小天气预报员"，教师展示天气预报图，小组派代表进行天气播报。

设计意图：通过"小小天气预报员"活动，让学生模仿天气预报员进行天气预报，加深学生对于天气的了解。

阅读：《制作天气预报节目的过程》。

（4）空气质量。

空气质量好坏反映了空气污染程度，它是依据空气中污染物浓度的高低来判断的。用空气污染指数来表示。

影响空气质量的因素有很多，一是自然因素，如风、雨等；二是人类活动的影响，人为污染物的排放是影响空气质量的主要因素之一，包括工业废气、汽车尾气、垃圾焚烧等，其中，汽车尾气已经成为我国一些大城市空气污染的主要来源。

改善空气质量的措施：控制污染物的排放、扩大城乡绿化面积、增加水域面积、实施生态修复等。

（思考2）想一想：

①日常生活中，你可以通过什么途径了解各地空气质量状况？

天气预报；要是自己的城市，可到户外感受。

②西安为什么到了冬天雾霾严重？

a．地形：西安位于渭河谷地，风力较弱，不利于雾霾扩散；

b．降水：西安冬季降水较少，不利于悬浮于大气中的细小灰尘沉降；

c．人类活动：首先，关中平原人口聚集，冬季烧煤取暖使得空气中粉尘浓度增大；其次，近几年，随着经济的发展，汽车数量逐年增加，汽车排放的尾气也使得空气质量变差。

③列举人类活动影响你家乡空气质量的实例，谈一谈你能为改善家乡的空气质量做什么。

焚烧秸秆→秸秆还田做肥料；随意扔垃圾→垃圾分类处理；乱砍乱伐→禁止乱砍乱伐，参加义务植树活动；汽车尾气→以步代车或选择公共交通工具；取暖→用清洁能源。

设计意图：通过对于问题的讨论与思考，学生不仅加深了对空气质量的理解，也认识到保护大气环境的重要性。

（三）课堂小结

你能说说这节课你学到了什么吗？

六、方法与策略

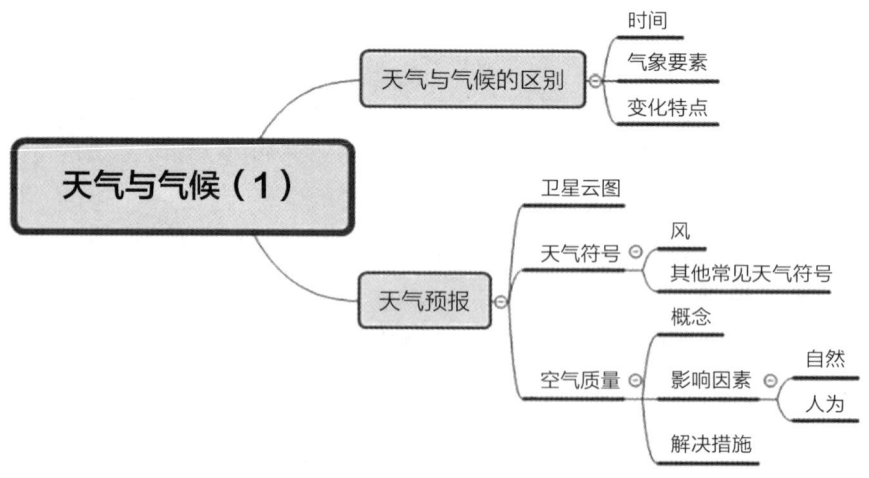

1．趣味性导入

《雷欧之歌》导入，吸引学生注意力，引发学生思考，引入本节课主题——天气。

2．地理游戏

学生对于天气符号已有一定的认识，因此，进行限时记忆和抢答活动，可以激发学生的时间意识和竞争意识，强化学生对于天气符号的记忆，完成本节课的重点内容的学习与应用。

通过开展"小小天气预报员"活动，让学生将所学知识与日常生活相结合。

3．理论与实际相结合

通过对所学内容的总结和对实际生活的观察，学生分析西安雾霾产生的原因，不仅可以锻炼学生综合分析的能力，也使得学生理解地理学习的重要意义。

七、作业设计

1．基础性作业

完成课本P87复习题1和2。

2．实践性作业

"小小天气预报员"：录制一段时长2分钟的天气预报。

3．设计性作业

"西安空气质量调查报告"：收集西安近十年空气质量变化的资料，并分析西安空气质量变化状况，形成调查报告。

《绿色植物与生物圈的水循环》教学设计

赵笑艳

一、学情分析

从知识层面看,通过前面章节的学习,学生已经对生物圈有了初步的认识,理解了生物圈是由生物与环境共同组成的,同时也了解了绿色植物的生长过程,为本节教学提供了知识层面的支撑。

从生活经验讲,学生已有的生活经验较为丰富,且对事物充满好奇,喜欢亲自动手。根据学生心理活动的特点和认知规律,课前组织学生参与实验过程,授课时注重互动,激发学生学习兴趣的同时,促进其动手实践能力和自主思考能力的提升。

二、教材解析

《绿色植物与生物圈的水循环》是人教版《生物学》七年级上册第三单元第三章内容,是学生学习了被子植物的一生之后,将植物对水分的吸收、运输、蒸腾联系起来,从而理解绿色植物参与生物圈水循环的过程及意义。

生物圈是生物生存的唯一家园,水循环将水圈中的所有水体联系在一起,对于人类生存和人类社会的生产活动都有着极其重要的意义。本单元的学习让学生认识到绿色植物在生物圈水循环中扮演着重要的角色,帮助学生形成循环观念。

本节内容抽象,逻辑关系强,注重培养学生逻辑思维及应用实践经验,为进一步学习绿色植物光合作用和呼吸作用奠定了基础。我们就生活在生物圈,通过本章的学习,学生会用整体的眼光和角度来看待生物圈,将各个单元学习的理论知识联系在一起,建立循环观念。

三、设计思想

中共中央、国务院印发的《关于深化教育教学改革全面提高义务教育质量的意见》指出，教师要不断优化教学模式，坚持教学相长，注重启发式、互动式、探究式教学，引导学生主动思考、积极提问、自主探究，探索基于学科的课程综合化教学，开展研究型、项目化、合作式学习。精准分析学情，重视差异化教学和个别化指导。

《义务教育生物学课程标准》指出，生物教学倡导探究性学习，引导学生主动参与、勤于动手、积极思考，逐步培养获取新知识的能力、分析和解决问题的能力，促进学生生物学科素养的提升。

本节课以多元智能理论为指导，学生课前动手准备小实验、课上观察，在此基础上归纳出蒸腾作用及生物圈中水循环的过程。最后深入探讨绿色植物是如何通过蒸腾作用促进生物圈的水循环，认识到森林对促进水循环和保持水土的重要性。

四、教学目标

（1）通过准备和观察实验，学生了解导管是水分和无机盐在植物体内运输的通道，能描述绿色植物叶片的基本结构、解释气孔的开闭机制，并能在教师的引导下，说出绿色植物在水循环中的作用。

（2）通过分组准备实验，学生的动手实践能力和探究能力得到进一步发展。

（3）认同绿色植物蒸腾作用对生物圈的意义，初步形成保护森林、保护环境的意识。

五、教学重点和难点

依据生物学课标要求以及学情，确定如下重难点。

（一）教学重点

探讨绿色植物如何通过蒸腾作用促进生物圈的水循环。

（二）教学难点

解释气孔的开闭机制。

六、资源和工具

国家教育政策相关文件、《义务教育生物学课程标准》、教学视频、图片等。

七、预设教学过程及内容

教学过程包括四个环节：创设情境，导入新课；问题引导，探究新知；经验引导，情感升华；小组合作，当堂总结。

（一）创设情境，导入新课

有人计算出一株玉米从出苗到结实的一生中，大约需要消耗200千克以上的水。而这些水中只有大约2.2千克（1%）是作为玉米植株的组成部分以及参与各种生理过程的，其余那么多的水都到哪里去了呢？这些水对植物体本身以及自然界又有什么意义呢？我们带着问题来学习今天的内容。

（二）问题引导，探究新知

1. 植物对水分的吸收和运输

（1）提问：展示根尖的结构示意图和生有大量根毛的图，让学生回忆根尖成熟区是吸收水分的主要部位。提问大量根毛对植物有什么意义？（生有大量根毛，有庞大的吸水面积，提高吸水效率）。

（2）提问：根吸收的水分是怎样运输到茎、叶、花等部位的呢？

（3）联想：人有血管，那植物有没有类似的运输管道呢？为了便于观察，老师提前请了四位同学进行了实验研究。请四位同学与大家分享实验过程和结果。

（4）学生分享：展示带叶枝条下端插入红墨水并在光下照射一段时间后的现象，让学生进行观察并描述现象，并对该茎进行纵切和横切，观察现象。

（5）小结：红色的部分看上去像一根长长的管子，这就是水分在茎内的运输结构——导管。结合课本110页，说一说导管有什么特点。

长形、管状；没有细胞质和细胞核；导管细胞间的细胞壁消失了。为什么导管是这样的结构呢？为了适应它的功能，需要运输大量的水分，所以形成中空的结构。

（6）联系芹菜叶子变红，说一说根中的水是怎样运输到茎，再到叶子的。除茎以外，根和叶中也有导管，这些导管相互连接，形成运输水分的管网，根吸收的水分就是通过这个管网送到植物体的各个部分的。无机盐溶解在水中，搭着水分这个"便车"，自下而上地，随着水的运输，通过运输管网运到植物体的各个部分。

2. 植物的蒸腾作用

问题引导：玉米植株吸收的水分中99%去哪了？

（1）蒸腾作用的概念。

水分从活的植物体表面以水蒸气的状态散失到大气中，叫作蒸腾作用。

（2）问题引导。

植物蒸腾作用散失的水分是从植物体的哪部分进行的呢？

如果学生回答：叶子，可以让学生设计实验来证明自己的想法。

（3）观察植物的蒸腾现象。

两个透明试管里放入两根生长状况差不多的枝条，一根去除叶子，一根不去除叶子。两根枝条都套上塑料袋，并用线绳扎紧（保证塑料袋表面出现的水仅产生于叶的蒸腾作用）。将做好的装置放在有阳光的地方几个小时，描述实验现象。

提问：①这个装置的单一变量是什么？

②你观察到了什么现象？

③你得出了什么结论？

学生小组讨论，得出结论。

3. 叶片的基本结构

问题引导：叶片是怎样进行蒸腾作用的？

（1）展示视频。

观看制作叶片横切面时装片的视频，认识叶片结构。

（2）课件展示叶片的结构示意图，讲解叶片的结构组成：由表皮、叶肉和叶脉三部分组成。

（3）气孔。

①气孔是由一对半月形的保卫细胞（外壁薄，内壁厚）围成的空腔，既能张开又能闭合。

②讲解气孔开闭的原理。

通常情况下，当白天太阳升起来的时候，气孔就慢慢张开，空气就会进入气孔，而水分也会通过气孔而蒸腾散失；到了晚上，叶片就会停止光合作用，大多数气孔缩小或者闭合，蒸腾作用随之减弱。

③气孔的分布情况及意义。

上表皮接受阳光，温度要比下表皮高，水分散失快；下表皮温度相对较低，气孔多，可以减少蒸腾作用，对植物有利。

4. 蒸腾作用的意义

（1）过渡：一株玉米从出苗到结实的一生中，绝大部分水通过蒸腾作用散失了，这是不是一种浪费呢？这对植物的生活有什么意义？对自然界呢？

（2）指导学生阅读教材113页，配合课件讲析蒸腾作用对植物体自身的意义。

①拉动水和无机盐在体内的运输，保证各组织器官对水和无机盐的需要。

②能降低叶片的温度，防止高温灼伤。

（3）提问：水分通过蒸腾去哪了？

以水蒸气的形式在大气中，遇冷空气冷凝形成云朵，然后以降水的形式落入江河湖海中，渗入地下的水又会被植物根系吸收。

（三）经验引导，情感升华

1. 讲解绿色植物在水循环中的作用，并进行爱绿、护绿的意识教育

（1）小组讨论，分享亲近大自然的经历，学生意识到保护环境、爱护绿植的重要性。

（2）讲述：植物通过蒸腾作用散失水分，不仅满足了自身生命的需要，而且对生物圈的水循环起到了重要作用。

（四）小组合作，当堂总结

小组合作，当堂绘制简易思维导图。

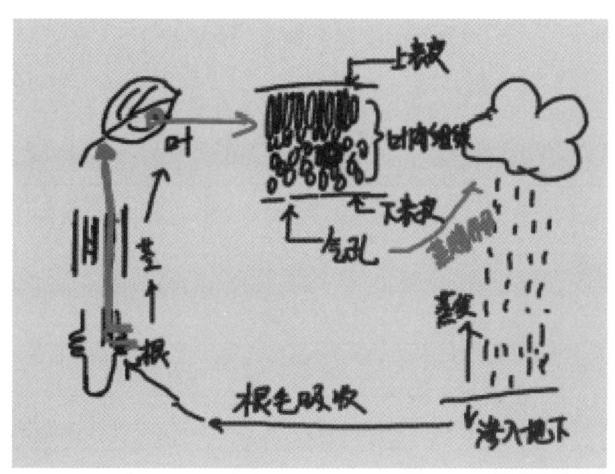

八、方法和策略

根据本节课的特点和教学目标，以情境教学法、问题驱动法、启发式教学法为主。本节课内容好比一个"圆"，通过问题驱动，学生逐步了解每一段"圆弧"，在教师的引导下将"圆弧"拼接完整，每一段"圆弧"都贴近生活实际，便于学生突破难点、把握重点。

九、作业设计

《关于进一步减轻义务教育阶段学生作业负担和校外培训负担的意见》指出：提高作业设计质量，发挥作业诊断、巩固、学情分析等功能，鼓励布置分层、弹性和个性化作业，坚决克服机械、无效作业，杜绝重复性、惩罚性作业。

根据文件指示，结合学科特点，作业设计如下：

基础性作业：完成学习单中5道基础性选择题和5道应用型填空题。

设计性作业：完善简易思维导图。

十、学习评价

学生课堂自我评价、文本作业评价、思维导图展示等。

学生课堂表现自我评价量表

注：（1）个人或小组回答问题的数量自行记录，并做计数累加。
（2）个人或小组回答问题正确或错误分别用√和×表示。

	1	2	3	4	5	6	……	正确率
个人回答问题计数								
回答问题正确与否								
小组回答问题计数								
回答问题正确与否								

《凸透镜成像的规律》教学设计

蒋 强

第一部分 课标要求

《义务教育物理课程标准》对本节课的具体要求如下。

一、内容要求

（1）通过实验探究并知道凸透镜成像的基本规律。

（2）会使用相关的实验仪器，能通过观察和实验收集凸透镜成像规律的有关数据和资料。

（3）经历从所观察到的凸透镜成像的有关现象和所收集到的实验数据中，归纳出凸透镜成像规律的过程。

二、学业要求

通过探究凸透镜成像规律的实验过程，让学生经历科学探究过程，具有初步的科学探究能力，形成运用研究方法的意识和乐于参加与科学技术有关的活动；同时，通过在实验过程中观察实验现象，分析实验数据，培养在学习中积极思考、主动探究、交流合作、敢于质疑、尊重事实、勇于创新的精神。

第二部分 教学设计

一、学情分析

本学期学生开始系统接受物理知识学习，通过学习八年级物理上册前三章内容，学生已经了解和学习了获得物理规律的方法，具有一定的动手实验、观察实验现象和从实验现象中总结规律的能力。由于接触时间较短，锻炼次数少，学生未能掌握科学实验的方法，不懂怎样去猜想，猜想时提出的问题与实验目的关联不大；获取实验数据后，处理表格数据的能力、分析论证的能力较弱。

二、教材解析

《凸透镜成像的规律》是苏科版八年级物理上册第四章第三节的内容，是《光的折射——透镜》这一章的核心内容。学生在学习了透镜相关知识，且对生活中常用的透镜及其成像情况有了简单感性认识的基础上学习本节内容，掌握了本节知识，可为学习第四节《照相机与眼球视力的矫正》打下良好的基础，本节知识具有承上启下的作用。

教材内容以探究凸透镜成像情况与物距关系为主线，让学生体会科学探究的过程："提出问题、作出假设、设计实验、进行实验、分析与论证"。本节内容采用实验探究的方法，让学生通过参与科学探究的活动感受自主探究的乐趣，发现和总结规律；在活动中培养学生克服困难的信心和决心，使其养成实事求是、尊重实验数据的严谨态度；通过小组合作，让学生感受自己是集体的一分子，增强集体意识和团队意识，提高协作能力。

三、教学目标

（1）理解凸透镜的成像规律。

（2）知道凸透镜成放大、缩小实像和虚像的条件。

（3）能在探究活动中初步获得提出问题的能力。

（4）通过探究凸透镜成像规律的过程，体验科学探究的主要过程与方法。

（5）通过对凸透镜成像现象的观察分析，用列表的方法归纳出凸透镜成放大或缩小、正立或倒立、实像或虚像的条件，培养从物理现象中归纳科学规律的方法。

（6）通过研究凸透镜成像的实验和对其成像规律的分析，培养学生善于发现、主动实践的意识，以及认知事物严谨的态度。

（7）通过探究活动，激发学生学习物理的兴趣，培养对科学的求知欲以及主动发现和探索自然现象和日常生活中的物理学道理的意识。

四、教学重点、难点

教学重点：探究凸透镜成像规律。
教学难点：实验探究中数据的处理和分析。

五、教学策略

本节课是初中学生在物理学习过程中第一次需要进行全过程探究的课型，教学的重点是培养学生的猜想能力、设计实验的能力和对实验数据进行分析、论证的能力。

根据教材设计和学情分析，本节课教学的关键是创设合理的情境，引导学生知道怎样去猜想，怎样有根据地猜想，不要胡乱猜想；实验设计是探究的重要环节，引导学生进行实验设计时要让学生知道实验的目的，在实验过程中应该观察什么、测量什么、记录什么，培养学生对实验数据的分析和论证的能力；引导学生比较、分析数据，发现数据间的相同点与不同点，推理因果关系，并能以口头或书面的方式表达自己的观点。

本节课最后，教师做总结和评价，在归纳总结出相应结论的同时，肯定学生主动参与、大胆动手、敢于思考、合理总结、解释结论的勇气和信心，激发学生主动参与的积极性，培养学生科学实验的能力，提高学生的科学素养。

六、教学资源

光具座及附件、蜡烛、火柴、凸透镜、多媒体课件及设备等。

七、预设过程及内容

预设过程及内容详见以下表格。

教学环节	教师活动	学生活动	设计意图
新课导入	活动1：让学生用凸透镜靠近课本观察上面的图片和文字，能看到放大后的效果。再让学生通过凸透镜观察老师，看到了老师倒立、缩小的像。 问题1：为什么透过同一凸透镜却看到不同的情景？ 活动2：给每组学生两个不同焦距的凸透镜，并排放置观察课本上的图片和文字，通过观察发现像是不同的，进而启发学生产生凸透镜的成像不同可能与凸透镜焦距有关的猜想。 通过对两个活动的总结引导进入新课	进行观察并描述看到的像的特点，深入思考后谈谈自己的想法	通过唤起部分学生童年时的回忆产生的兴奋带动其他同学产生好奇，激起兴趣。通过第二次的实验效果，引发与已有经验的冲突，启发学生思考，对凸透镜成像的规律产生猜想。 通过体验活动2，明白凸透镜成像是有规律的，物距和焦距都会影响所成的像，由此完成猜想
新课教学	通过学习透镜的知识，知道了放大镜就是一个凸透镜，照相机、投影仪设计中都有凸透镜。照相机成的像比物体小，投影仪成的像比物体大；照相机、投影仪所成的像是倒立的，放大镜所成的像是正立的。他们利用凸透镜成像，但情况各不相同。对此同学们能提出什么问题？		

续表

教学环节	教师活动	学生活动	设计意图
1. 提出问题 ↓ 2. 作出猜想 ↓ 3. 设计实验 ↓	启发学生对提出的问题作出猜想：照相时物体到凸透镜的距离较大，成倒立、缩小的像；而投影仪中物体到凸透镜的距离较小，成倒立、放大的像。看来凸透镜所成像的大小、正倒跟物体到凸透镜的距离（即物距）有关。 摄影师拍照时同一地点更换镜头成像效果不同，因此物距和焦距可能都会影响所成的像大小、正倒和虚实。 研究凸透镜所成像的大小、倒正、虚实与透镜焦距和物距的关系。在凸透镜焦距不变时，变化物距，观察成像特点；研究在物距不变时，换用焦距不同的凸透镜，观察所成的像是否改变。 思考1：如何区别像的正立、倒立？怎样观察实像和虚像？ 实验器材：光具座、光具座附件、蜡烛、火柴、凸透镜 思考2： （1）如何得到凸透镜的焦距？ （2）在光具座上放置蜡烛、凸透镜、光屏的顺序？ （3）实验中安装烛焰、凸透镜和光屏位置满足什么条件能在光屏中央呈现清晰的像？ （4）怎样利用光具座上的刻度确定物距和像距？ （5）如何观察虚像？ 在思考讨论的基础上，学生按课本上的步骤进行实验	在老师的启发下思考：凸透镜所成像的大小、倒正跟物距有什么关系？ 观察投影仪、照相机和放大镜成像过程，进行讨论，做出合理猜想与假设 学生思考回答：像是否颠倒；像是由实际光线会聚而成，能用光屏承接，还是眼睛可以看到而无法用光屏承接。 学生进行独立思考后回答问题。 学生分组进行实验，观察现象，将测量的数据记入表格。 学生实验并回答	培养学生分析现象、提出问题的能力。 培养学生有理有据地进行猜想 学生通过思考明白实验要研究什么，应该怎样研究。 理清思路，为顺利完成实验做好充分准备。 培养学生积极思考、主动探究、团结协作的能力

续表

教学环节	教师活动	学生活动	设计意图
4．进行实验 ↓ 5．归纳总结 ↓	思考3： （1）在什么情况下可以得到等大的像？做一做实验，并观察此时的像距是多少，像是倒的还是正的？ （2）物距为一倍焦距时，在光屏上看到怎样蜡烛的像？继续将蜡烛靠近凸透镜，光屏上能看到蜡烛的像吗？用眼睛直接观察蜡烛的像，像是放大的，还是缩小的？正立的还是倒立的？此时的像是实像还是虚像？ 凸透镜成像的规律：凸透镜既能成实像，也能成虚像；既能成放大的像，也能成缩小的像；既能成正立的像，也能成倒立的像。 当物距大于二倍焦距时，成倒立、缩小的实像。 当物距等于二倍焦距时，成倒立、等大的实像。 当物距大于一倍焦距小于二倍焦距时，成倒立、放大的实像。 当物距小于一倍焦距时，成正立、放大的虚像。 进一步总结提升： 思考4： （1）一倍焦距和二倍焦距是成像的两个重要分界点，分别是成什么像的分界点？ （2）当物体从一倍焦距逐渐远离凸透镜时，像距和像的大小怎样变化？从一倍焦距逐渐靠近凸透镜时，像的大小又怎样变化？ 记忆口诀： 一倍焦距分虚实　二倍焦距分大小 实像异侧倒　　　虚像同正大 物远像近小　　　物近像变小 （其中一、二两句是对成像情况的总体把握，三、五两句是成像情况的静态分析，四、六两句是成像情况的动态描述）	让学生在分析实验数据的基础上，总结归纳。 学生进行独立思考后回答问题。 学生在启发下交流并回答	培养学生分析总结的能力。 锻炼学生深入思考的能力

续表

教学环节	教师活动	学生活动	设计意图
6.总结提升 ↓ 7.能力升华	思考5： （1）在做凸透镜成像规律的实验时，某同学发现一次实验中按要求安装好器材，无论怎样移动光屏，都无法在光屏上观察到烛焰的像。请你分析发生这一现象的原因。 （2）凸透镜成实像时，像与物体上下颠倒，此时像与物体是否左右相反？ （启发学生可以通过实验研究发现和解决问题。最简单的方法是轻轻吹一下烛焰，看光屏上烛焰的像向哪个方向飘动，若两个飘动的方向相同，则说明像与物体左右不相反；若两个飘动的方向相反，则说明像与物体的左右也相反）	学生记忆口诀，加深印象	进一步加深对凸透镜成像规律的理解。 培养学生深入思考、细致分析、超越自我的能力
课堂小结	通过这节课你学到了什么？学生回答或与同学们进行交流，老师适当总结	梳理本节课知识内容，把自己学到的知识与老师和同学交流，最后总结本节课的知识点	培养学生总结归纳的能力。同时，也可以帮助学生记忆

八、作业设计

根据《关于进一步减轻义务教育阶段学生作业负担和校外培训负担的意见》文件精神，作业设置要能提高设计质量，发挥其诊断、巩固、学情分析等功能，鼓励分层布置作业，提倡弹性化和个性化作业。

结合本节内容知识特点，设计可以增强实用性的作业，布置多样化、趣味性强的作业，激发学生学习的动机。作业设置如下：

基础性作业：用凸透镜成像的特点解释生活中使用凸透镜的生活物品成像工作原理。

实践性作业：制作一架简单的单筒或双筒望远镜。

拓展性作业：利用科学探究的模式设计一个自己感兴趣的实验，能体现科学探究的主要过程。

九、学习评价

多主体评价：重视学生自我评价，使评价成为学生、同伴、教师等多主体共同参与和协商的活动，通过评价主体与客体的多向互动性，从不同的角度为学生提供学习、发展方面的信息，帮助学生更加全面地认识自我，不断积淀，不断完善自我、发展自我。

多样性评价：明确评价的目的，不同的学习目标和学习内容采用不同的评价方法，发挥各种评价方法的优势。

《物质的变化》教学设计

刘　立

一、学情分析

《义务教育化学课程标准》要求本章是正式系统学习化学基础知识的第一章，带领学生进入化学课堂，走进绚丽多彩的化学世界，通过对一门新功课的学习憧憬和疑问，激发学生对化学学习的兴趣。

从知识储备来看，本节课的内容是学生接触到的第一个化学定义。学生要从本节课认识到物理变化和化学变化，并能区分简单的物理变化和化学变化。

从个人能力讲，由于学生刚刚接触化学，所以本节课设置的难度较低，通过生活中常见的变化，激发学生对化学学习的兴趣，简单形成"物质可变的观点"。

二、教材解析

本节介绍了化学对社会的贡献和化学工业对社会的影响，使学生认识到化学与我们的衣食住行有密切的关系。化学与信息、生命、材料相互联系，相互促进，相互发展。

本节是体验对变化的观察过程。认识、观察和思考是化学学习的重要环节。初步学习观察化学变化的方法，理解反应的现象与本质的联系。

学生通过对多种物质的变化观察思考，运用分类学的观点，以是否有新物质生成为分类的依据，把物质变化分为两大类，进而掌握化学变化的特征，认识、观察、判断化学反应的方法。

三、教学目标

（一）知识与技能

认识物理变化和化学变化的基本特征。

（二）过程与方法

通过观察物理变化和化学变化的现象和是否产生新物质，能简单区分常见的变化。

（三）情感态度与价值观

进一步了解生活中常见的物质变化，产生学习化学的兴趣。通过分析和实验进一步培养学生的探究精神和科学化学观。

四、教学重难点

（一）教学重点

化学变化的基本特征。

（二）教学难点

如何利用现象和是否产生新物质判断物理变化和化学变化。

五、预设过程及内容

（一）情境导入

物质的"变"与"不变"，从古至今一直困扰着无数的思想家、哲学家。杰·古尔德说："永恒是变化的代名词。"那物质在变化中到底是"变"还是"不变"，这节课我们用科学的化学思维一起来探究物质变化的奥秘。

设计意图：以熟悉的实验创设情境，激发学生的学习兴趣。

（二）学生活动

老师今天带来了四张我们最熟悉的纸，随机给四位同学。同学通过任意操作，要求纸发生改变。

学生会通过撕、折、揉、浸水、烧等操作完成任务。在每一个操作中，纸的哪些方面发生了改变？哪种操作与其他操作存在明显的区别，区别在哪里？引导学生答出："纸的形状发生了改变""在烧的过程中纸转化成另一种新物质，而在其他操作中纸没有转化成新物质"。学生回答后，老师强调："新物质是区别于变化前的旧物质的。"

设计意图：通过生活中常见的物质变化的观察分析，进一步得出结论。

（三）深入探究，得出结论

通过以下实验现象（水的三态），总结物质在变化中是否产生"新物质"，哪些方面发生了改变？学生根据生活经验回答：水在三态的变化中，形状和状态发生了改变，但没有生成新物质。

我们可以通过"有无新物质的生成"将变化分为"物理变化"和"化学变化"。

化学变化要求有新物质的生成。那在生成过程中还伴随着哪些常见的现象呢？我们刚刚观察了纸张燃烧、火柴燃烧的过程，发现它们都有一个明显的现象，是什么？（学生畅所欲言）

设计意图：通过观察、分析，得出结论。

（四）拓展延伸，巩固知识

在宇宙飞船中氧气是维持生命必不可少的气体资源，老师今天也带来了一套制取氧气的装置，固体二氧化锰和液体过氧化氢溶液混合，仔细观察，会出现什么现象？

在宇宙飞船中，宇航员吸入了氧气，通过呼吸作用又呼出二氧化碳。我们通过前面的学习，知道了二氧化碳通入澄清石灰水中，石灰水会变浑浊，今天老师也带来了澄清石灰水，哪位同学可以将呼出的气体通入石灰水中。仔细观察，看看会出现什么现象。我们发现原本澄清的石灰水变浑浊了，说明产生了一种不溶于水的沉淀。

设计意图：利用热点话题，继续研究重点内容。

（五）课堂小结

物理变化的定义：没有生成新物质的变化。现象：物质三态的改变、溶解。

化学变化的定义：有生成新物质的变化。现象：发光、放热、变色、产生气体、生成沉淀。

两者的判据：有无新物质生成。

六、方法与策略

根据目标和本节课特点，教学方法采用自主合作探究法、情境教学法、问题导向、启发式教学法。

七、作业布置

中共中央办公厅、国务院办公厅印发的《关于进一步减轻义务教育阶段学生作业负担和校外培训负担的意见》指出：提高作业设计质量，发挥作业诊断、巩固、学情分析等功能，鼓励布置分层、弹性和个性化作业。

依据文件精神，结合本节课的内容，作业设置如下：

基础性作业：完成课后练题。

实践性作业：搜集更多生活中的化学变化资料，加深对化学变化的了解。

感悟性作业：尝试总结这些物质具有的其他性质。

八、学习评价

多角度评价：学生自我评价与他评、小组评、师评等方式相结合。

结果评价：通过习题、作业设计评价学生的学习效果。

《乒乓球球感练习》教学设计

高辰鉴

一、学情分析

七年级学生正处于青春期，是发展速度、耐力、灵敏、协调等素质的黄金时期，乒乓球项目是一项综合性强且相对安全的运动项目，能够帮助学生综合性地提高身体素质，达到技能与体能的双向提升。我校七年级学生非常喜爱乒乓球运动，大部分具备了乒乓球球感，但是缺乏专业系统的练习，基本的动作姿势不正确且并不了解规则和技战术的相关理论知识，所以，在教学中，除了进行技战术的讲解练习外，还要穿插规则、相关的理论知识讲解，帮助学生丰富自身知识体系，形成规则意识和正确观赛的能力，并能够通过观赛建立起集体意识、荣誉意识、奉献意识，形成坚韧不拔的意志品质，感受乒乓球运动的魅力。

二、教材解析

本节课为复习课，内容选自教育科学出版社《体育与健康》七年级全一册乒乓球教学内容。《义务教育体育与健康课程标准》提到：学生在运动技能方面要达到基本掌握并运用一些球类项目的技术和简单战术，其中明确指出有乒乓球项目。乒乓球是我国的国球，具有全民性和基础性的特点，乒乓球运动可以促进学校体育的发展。

三、教学目标

（1）通过学习，学生掌握提升乒乓球球感的练习方法，初步认知乒乓球击球过程中的旋转、力量、速度、弧线和落点等要素。

（2）通过学习，学生能够进一步增强乒乓球球感，掌握正确握拍姿势、击球时机以及击球方法，完成正确的击球动作。

（3）通过学习，学生能建立起自主练习的主动意识，明确进行球感练习的好处，通过练习时的相互鼓励增强学生的互帮互助和集体意识。

（4）通过本节课的学习，学生能够结合自身情况，运用本节课所学内容解决在实际运动项目练习中的问题。例如在实际乒乓球比赛中提高击球的上台率、打出高质量的弧圈球、提升步伐移动的灵活度等。

四、教学重难点

（1）教学重点：提高学生对打的上台率、对动作的控制能力、快速移动能力。

（2）教学难点：对动作的控制能力和协调能力。

五、预设过程及内容

（一）准备部分

1. 课堂常规

（1）集合整队、教师清点人数。

（2）宣布上课、师生问好。

（3）强调安全：检查服装、尖锐物品存放。

（4）宣布本节课内容及要求，安排见习生。

2. 热身：徒手操

（1）头部运动。

（2）肩绕环。

（3）扩胸运动。

（4）腹背体循环。

（5）抬腿体转运动。

（6）髋部环绕运动。

（7）膝关节运动。

（8）活动手腕脚踝运动。

3. 静态拉伸

设计意图：乒乓球运动是一项综合性的运动，在教学前需要进行挥拍、步法移动的练习，因此，要在常规热身之后着重进行全身的综合拉伸。

（二）基本部分

1. 挥拍练习

学生两两一组，面对面站立，一人做挥拍练习，另一人纠正动作。学生通过观察他人的动作并进行正误判断，一方面能够提升自身的表达能力，准确评价同组同学动作；另一方面，能够在表达过程中结合费曼学习法加强自身对正确动作概念的理解，从而更好地帮助自身进行练习。

学生根据教师口令分别完成1分钟正手挥拍、反手挥拍和左推右攻的练习，相互纠错，教师点评。

设计意图：本节练习，一方面，学生能够通过纠正其他同学的动作，加深自身对正确动作标准的认知；另一方面，能够增强学生对于正确动作的表象训练。标准的挥拍动作是增加击球上台率的基础，是本节课的重点问题。

2. 地面练习

学生两两一组，在地面对打，在球反弹到最高点时击球。这一练习不仅能够帮助学生切身体会到乒乓球练习时所产生的速度、力量和旋转等，还能够提升学生对球感的敏感度，锻炼自身协调性。

设计意图：本节练习，主要使学生掌握"最高点击球"。在攻球的练习中，球没有旋转，所以击球时机为球反弹至最高点进行击球，引导学生解决击球时机的问题，明确本节课的教学重点问题，同时，对加强动作控制的难点问题做好铺垫。

3. 近台短球对打练习

（1）原地对打练习。两人一组，近站在球台两侧练习短球，球拍控制在球桌上方。

（2）移动对打练习。两人一组，朝对方球台的各个落点击球，即为攻击方，对方学生为防守方，通过所学步伐进行移动并回击球成功上球台即为成功。

设计意图：第一个练习缩短学生击球范围，减少了因范围过大而造成的过多影响因素，让学生能够通过练习更加直接地感受球的落点、击球时机以及击球时拍面角度，从而有意识地做到对来球的控制；第二个练习在第一个练习的基础上进一步加入简单的左右移动步法练习，学生能够进一步感受在移动中击球时对球的掌控，探究增加上台率的办法。

4．素质练习

（1）并步跑30米往返。

（2）交叉步跑30米往返。

设计意图：本节素质练习为专项步法练习，为下一节课学习移动中击球做铺垫。

（三）结束部分

（1）组织学生原地进行放松拉伸。

（2）集合整队，学生分享本节课练习感受，师生共同总结乒乓球球感练习方法。

（3）教师点评、布置作业。

（4）师生再见。

设计意图：通过师生共同总结加深学生学习印象，学生主述，教师补充，学生分享感受，教师结合课堂实际练习情况，调整下节课的练习难度，使教学更有针对性。

六、方法与策略

（1）通过循序渐进的方式，逐步增加练习难度，让学生球感练习层层递进，体会到成就感，建立自信心，有利于后续安排有难度的教学内容，为解决本节课的重难点打好心理基础。

（2）通过多样化的两人一组的球感练习，帮助学生掌握定点球、不定点球、短距离球、长距离球和随即球接球练习，解决本节课的重点问题和难点问题。

（3）通过组队练习，增强学生的团队凝聚力和良性竞争意识，提高练习的参与感和积极性。

七、作业设计

1．挥拍练习

（1）正手挥拍100次×2组。

（2）反手挥拍100次×2组。

（3）左推右攻挥拍结合并步100次×2组。

2. 思考练习

材料：马龙和张继科两人在国际比赛中交手17次，马龙以11-6占据绝对优势，可奇怪的是张继科职业生涯巅峰期时两人在三大赛中只有两次交手，那就是2014年德国世界杯决赛，当时两人打到决胜局，最后张继科险胜。

思考1：通过材料，你从张继科身上受到什么启发？（屡战屡败、屡败屡战）

思考2：马龙被称为"六边形战士"，刘国梁也说马龙的专项技术堪称教科书级别，你认为"教科书级别"是什么意思？

设计意图：通过挥拍练习加深学生正确动作的本体感受，以便更好地在实践中应用。通过思考题的设计，利用学生熟悉的运动员故事，促进学生关于竞技体育、乒乓球运动在意志品质和练习方面的思考，锻炼学生的独立思考能力和勤于思考的习惯。

课堂自我评价量表

评价内容	评价方式			评价等级
	自评	小组评议	教师评议	
对本节课动作掌握熟练程度				A. 熟练 B. 较熟练 C. 有遗忘现象
对运动知识技能掌握情况				A. 真正理解并掌握 B. 初步理解 C. 不熟练
课堂表演时对动作要领掌握是否得当				A. 得当 B. 较得当 C. 不全面

续表

评价内容	评价方式			评价等级
	自评	小组评议	教师评议	
积极参加演示环节，并能在演示中反映自己的思想				A. 突出 B. 一般 C. 不全面
创造性思维能力（能提出和别人不同的问题，或用不同的方法解决问题）				A. 强 B. 一般 C. 很少
认真的学习态度				A. 认真 B. 一般 C. 不认真
课堂学习与生活的联系程度				A. 紧密 B. 较紧密 C. 没联系
总评				

《桑塔露琪亚》教学设计

牛 婷

一、学情分析

学生对音乐课的兴趣浓厚,但整体音乐基础薄弱,缺乏基础乐理知识,对旋律、节奏、音乐表现力、音色等概念的理解不到位,对附点节奏、切分节奏等节奏型的准确性把握有待加强,歌曲的音乐表现力需进一步激发。

二、教材解析

根据《义务教育音乐课程标准》(2011版),音乐课程是九年义务教育阶段面向全体学生开设的一门必修课,具有人文性、审美性、实践性。主要以音乐审美为核心,以兴趣爱好为动力;强调音乐实践,鼓励音乐创造;突出音乐特点,关注学科综合;弘扬民族音乐,理解音乐文化多样性;面向全体学生,注重个性发展。

本节课《桑塔露琪亚》选自人音版七年级上册第四单元"欧洲风情",主要以意大利民歌、俄罗斯民歌和苏格兰民歌,以及一些欧洲特有的民间器乐曲为题材,引导学生初步了解、认识欧洲民族民间音乐文化的内涵,感受外国民间音乐与中国民间音乐的异同,为学生以后认识欧洲民族民间音乐与创作音乐之间的内在联系打下良好基础。

《桑塔露琪亚》是意大利那不勒斯的一首著名船歌。歌词将夏夜的美丽景色展示在人们面前。它使人陶醉,令人难以忘怀。歌曲为C大调,3/8拍,中速稍快,由两个乐段(单二部曲式)构成。歌曲的旋律优美而流畅,钢琴的伴奏模仿吉他的风格,给人无比美好的艺术享受。

三、设计思想

根据学情,本节课内容设计相对简单,易学易懂。导入使用情境法,以境带情，学生通过视频穿越到意大利威尼斯，感受水城之美，引出"贡多拉"，导入船歌《桑塔露琪亚》；新知探索中，主要采用聆听、分析、旋律练唱、小组合作、肢体体验等不同的形式，使学生熟悉旋律，理解歌曲寓意，能准确地、富有感情地演唱歌曲；延伸探究中，围绕单元主题欧洲风情，紧密结合本节课意大利民歌内容，进行拓展，欣赏另一首意大利歌曲《我的太阳》，认识世界三大男高音歌唱家；作业设计中，以本节课学习的音乐体裁船歌为载体，激发学生兴趣，启发其深入地、主动地探索相关音乐知识，开阔音乐视野，培养音乐鉴赏力。

四、教学目标

（1）通过《桑塔露琪亚》的聆听和演唱，学生充分感受到这首意大利民歌旋律、曲式、力度等音乐要素和谐统一之美，感受意大利船歌特有的风格，能够对欧洲民间音乐产生兴趣。

（2）通过聆听、模仿、探究、体验、合作等不同的方法，学生理解音乐的风格特点和精神内涵。

（3）知道船歌这一音乐体裁及形成背景，能准确完整地用自然饱满的声音演唱歌曲，掌握并运用音乐中旋律线的起伏、音的高低、强弱、音乐情绪、演唱形式等音乐要素来分析歌曲曲式结构。

五、教学重点与难点

重点：学生准确完整地用自然饱满的声音表现歌曲。
难点：变化音 #4 的音准把握。
B乐段第一乐句第一个音高音"3"的唱法训练。

六、资源与工具

《义务教育音乐课程标准》《音乐》（教师用书）、相关视频。

七、预设过程及内容

（一）情境导入

1. 爱旅游——威尼斯旅游视频解说

设计意图：学生观看一段配解说的威尼斯旅游短视频，激发学习兴趣，为正式学习做好铺垫。

设问：观看视频，说说你对威尼斯这座城市的感受，你认为它的特别之处在哪里？（世界上唯一一个禁止机动车的城市，步行和船是主要的通行方式。）

2．"贡多拉"介绍，引出音乐体裁——船歌

贡多拉：船身狭长，首尾均翘起，适宜在水巷中行驶。这种船体多漆成黑色，用单桨划船。船家喜欢唱当地的民歌，歌曲节奏韵律与其划船的节奏韵律一致，久而久之便形成船歌这种音乐体裁。

船歌：最初指威尼斯船工所唱的抒情歌曲，现也泛指模仿此类风格的歌曲或小型器乐曲。多采用中速的3/8、6/8或12/8拍，有着开朗奔放的、热情洋溢的情绪特点。船歌这种体裁的产生发展与威尼斯的游览船——贡多拉有关。

3．导出本节课学习内容《桑塔露琪亚》

（二）探索新知

1．初次聆听歌曲《桑塔露琪亚》，感受音乐魅力

设问：（1）《桑塔露琪亚》这首作品描绘了一幅什么样的画面（请拿笔在纸上简单画一下）？

（2）听完、画完后，你有什么样的感受？心情如何？

设计意图：学生聆听歌曲，熟悉歌词和旋律，根据歌词及舒缓轻松的旋律，想象并在纸上简易绘出脑海里夜晚银星、明月、海面、微风、小船的画面，根据歌词、旋律、绘画作品，说一说这首歌曲的思想内涵。

2．作品介绍

《桑塔露琪亚》是意大利那不勒斯的一首著名船歌。那不勒斯是一个美丽的海港，这里有充满诗情画意的海滩——桑塔露琪亚和玛莱卡莱。风和日丽的时候，人们会驾着小船在这里荡漾，甚至还会高唱着船歌。至于"桑塔露琪亚"这一名字的由来，有人说她是意大利民间传说中一位女神的名字；也有人说她是当地一位美丽姑娘的名字，总之，这名字是美好幸福的象征。

3．复听歌曲，划分歌曲乐段

（1）思考：根据歌曲中旋律线起伏变化，音的高低、强弱，演唱形式，演唱情绪等尝试为歌曲划分乐段。

设计意图：学生在感受了歌曲意境后，带着问题再次聆听，学习目标更加明确，学习效果更加明显。

（2）以小组为单位讨论思考结果，小组代表做总结发言。

设计意图：以小组合作探究的方式剖析歌曲的音乐要素，能增强小组学习氛围，激发学生学习兴趣，培养学生的凝聚力。

结论：二段体，又称"单二部曲式"，由两个既对比又统一的乐段或段落构成。通常第一部分为呈示，第二部分为对比展开。如A+B或A+A^1

《桑塔露琪亚》	旋律线起伏	音的高低	音量（力度）	演唱形式	情绪
A	平稳	低	弱	齐唱	温柔 平静
B	起伏大	高	强	合唱	激情 热情

4．教师弹琴唱谱，学生跟琴学唱歌谱，感受音的高低变化

设计意图：学生识谱的意识需要培养，识谱能力亟待提高，学生在教师弹琴唱谱、自己跟琴学唱歌谱的过程中，能增强识谱意识、提高识谱能力，准确把握音高和节奏。

5．教师弹琴范唱全曲

设计意图：学生听教师现场演唱，直观感受，加深对歌曲旋律的印象，增强学会歌曲的自信心。

6．教师弹琴，学生填词

设计意图：跟琴主动填词，调动学生主动学习的积极性，落实以教师为主导、学生为主体的育人理念，为后期的学习打下基础。（反复练唱2~3遍，熟悉旋律。）

7．难点突破

（1）变化音$^\#4$知识点讲解及跟琴训练。

$\dot{2}\ 6\ {}^{\sharp}4\ 5\ \dot{1}\ |\ |\ 3\ 6\ 5\ |\ 5\ {}^{\sharp}4\ {}^{\sharp}4\ |$

（2）B乐段第一乐句第一个音高音"3"的唱法训练。

8．歌曲表现力的处理——歌曲力度记号的学习与实践

设计意图：在教师的引导下，学生能认识简单的力度记号，并尝试控制自己的声音和歌唱状态，表现出歌曲的情感。

9．合作体验

教师引导学生模仿并训练划船动作。

（1）教师播放《桑塔露琪亚》伴奏音乐，同时模仿划船动作。

（2）学生一边跟着伴奏演唱歌曲，一边用肢体模仿划船的动作，身临其境体验船歌的旋律特点。

10．尝试二声部学习

（1）教师弹琴，带领学生学习B乐段第二声部。

（2）学生跟琴试唱第二声部旋律。

（3）师生合作（教师小声唱高声部，学生集体跟琴唱低声部）

设计意图：学生在教师的指导下，初步尝试合唱，感受二声部合唱的音效，增强对合唱的兴趣。在这一过程中，学生可能会跟着高声部跑，教师可根据现场情况进行调整，学生能力所及，则唱第二声部，若暂时学生能力达不到，可让学生唱第一声部，教师唱第二声部，师生合作，让学生感受二声部合唱的效果。但对学生来说，二声部旋律的学习还是很有必要的。

（三）知识拓展

1. 欣赏意大利歌曲《我的太阳》。

2. 介绍"世界三大男高音"。

（四）课堂小结

教师选择对音乐理解处于不同程度的3到4名学生总结本节课的重点内容，教师在黑板上以思维导图的形式进行归纳。

八、方法与策略

视听欣赏法、对比分析法、总结归纳法、模唱法、体验法、合作探究法。

九、作业设计

结合本节课所学内容，课后进行延伸探索。学生以小组为单位搜集不同表演形式的船歌（声乐曲、器乐曲均可），下载聆听，梳理作品创作背景及音乐表现主要思想。下节课前小组间分享交流。

十、学习评价

本节课整体设计思路简单易懂，视频引入，对学生的直观冲击力较强，铺垫较好；在新知探索过程中，教学方法传统，从简到难，层层递进，学生容易接受，学习音乐的自信心不断增强，最后以划船的肢体带动，促使学生体验船歌的风格特点，与讲述相比，学生体验感更强。总的来说，课堂氛围浓厚，学生积极性较高，适合学生的发展水平，教学效果明显。

幸福地学
——促进学生全面成长

第二十章 学生潜能的激发

潜能，即潜在的尚未发挥出来的力量，如挖掘潜力、发挥潜力。

一、目前专业研究潜能现状

1. 国内外研究现状

关于中小学生学习潜能开发，国内外有许多研究和相关文献。马斯洛的"自我实现"和罗杰斯的"潜能说"表明，只要有适当的环境和教育，人的潜能就会得到发挥。苏联维果斯基的"最近发展区"理论指出，教育要创造学生最近发展区，通过教学活动使学生由现实发展水平向潜在发展水平迈进。赞科夫的"教育与发展"教育实验，提出了教学工作的最重要的任务就是以最高的效率推动学生的一般发展，包括智力、情感、意志、性格等心理特征的全面和谐的发展，使学生的能力得到充分的发展和展现，体现在教育过程中就是挖掘学生的潜能，实现学生最大化、最优化发展。巴班斯基"学习可能性"的最优化实验，提出通过最有效的教学组织形式和教学方法，使教学达到最好的效果，使每个学生的学习潜力得到最大限度的发挥。

在我国，学生潜能开发越来越受到教育者的关注，产生了一系列的相关课题研究，如北京幸福村小学的马芯兰老师用3年时间完成小学5年的教学内容，学生成绩普遍优秀，且负担不重；北京二十二中孙维刚老师，只用一个学期就使其所教的学生学完了初中数学六册书的全部内容；武汉市翠微中学开展启发潜能教育理论改革实践活动，努力为全校师生创设工作、学习、生活的优良环境，形成激发学生潜能的教育策略，促进学生个性发展，达成学生学业成绩、整体素养"双赢"的理想态势，形成促进教师专业发展的良好机制。

全国教育科学"十五"规划教育部重点课题"义务教育阶段学生学习潜能开发研究",通过深入调查研究,产生了一系列研究报告和论文。此外,在具体的教育实践中,教育者和决策者也进行着有关学生潜能开发的探索,一些中小学教师和学者发表论文,立足具体学科,探索学生潜能开发及相关的教学措施,体现了教育对学生潜能开发的高度的关注、不懈地探索和实践,向人们展示了开发学生潜能的广阔前景。

2. 潜能的分类

顾名思义,潜能就是潜在的能量,表意识以内的潜能,根据能量守恒定律,能量既不会消灭,也不会创生,它只会从一种形式转化为另外一种形式,或者从一个物体转移到另一个物体,而转化和转移过程中,能量保持不变。每个人的潜能是无限的,主要包括以下十种。

第一,创造潜能。

创造性不只是可以画一幅画或者会使用一种工具。做一顿晚餐是创造,侍弄花园也是创造,考虑如何让足球队战胜对手也需要有创造性。

第二,个人潜能。

从某些方面来说,谁如果能够做到使自己的内心处于平和状态,那么他就可以比较充分地发挥个人的潜能。只有了解自己而且内心充实的人,才能充分发挥个人潜能。

第三,社会潜能。

社会潜能同个人潜能相反,既可以理解为组织能力,也可以理解为调动别人的积极性的能力。

第四,精神潜能。

具有精神潜能的人,不仅会看到个人的利益,还会考虑自己所在集体的利益。不仅聪明,而且明智。

第五,身体潜能。

躯体拥有自身的潜能,经常锻炼可以增强身体的潜能。

第六,感觉潜能。

我们的鼻子有五百万个嗅觉感受器,我们的眼睛可以辨别八百万种色彩,如果我们经常有意识地进行训练,就可以充分激发相应的感觉潜能。

第七,计算潜能。

每个人都具备计算能力，这种能力也是需要被激发的。

第八，空间潜能。

空间潜能就是看地图、组合各种形式以及使自己的身体正确通过空间的能力，社会活动有助于一个人的空间潜能的发挥。

第九，文字表达潜能。

具备文字表达能力的人擅长用语言文字表达自己。激发文字表达潜能最好的办法是多看书、多练习写作。

第十，艺术潜能。

艺术潜能，指孩子的音乐和绘画天赋。培养孩子的艺术潜能，就是要培养他们对审美要素的感受力。可以多带他们到大自然中感受现实生活中的色彩、线条、平衡、对称、节奏、韵律等美的要素。生动的、活的审美源泉，可以激发其内在的艺术潜能。

3. 多元智能理论

哈佛大学发展心理学家霍华德·加德纳（Howard Gardner）教授提出多元智能理论。加德纳认为，支撑多元智能理论的是个体身上相对独立存在的、与特定的认知领域和知识领域相联系的八种智能：语言智能、节奏智能、数理智能、空间智能、动觉智能、自省智能、交流智能和自然观察智能。

第一，言语—语言智能。

指听、说、读和写的能力，表现为个人能够顺利而高效地利用语言描述事件、表达思想并与人交流的能力。

第二，音乐—节奏智能。

指感受、辨别、记忆、改变和表达音乐的能力，表现为个人对音乐，包括节奏、音调、音色和旋律的敏感以及通过作曲、演奏和歌唱等表达音乐的能力。

第三，逻辑—数理智能。

指运算和推理的能力，表现为对事物间各种关系，如类比、对比、因果和逻辑等关系的敏感。

第四，视觉—空间智能。

指感受、辨别、记忆和改变物体的空间关系并借此表达思想和感情的能力，表现为对线条、形状、结构、色彩和空间关系的敏感以及通过平面图形和立体造型将它们表现出来的能力。

第五，身体—动觉智能。

指运用四肢和躯干的能力，表现为能够较好地控制自己的身体、对事件能够做出恰当的身体反应以及善于利用身体语言来表达自己的思想和情感的能力。

第六，自知—自省智能。

指认识、洞察和反省自身的能力，表现为能够正确地意识和评价自身的情绪、动机、欲望、个性、意志，并在正确的自我意识和自我评价的基础上形成自尊、自律和自制的能力。

第七，交往—交流智能。

指与人相处和交往的能力，表现为觉察、体验他人情绪、情感和意图并据此做出适宜反应的能力。

第八，自然观察智能。

指个体辨别环境（不仅是自然环境，还包括人造环境）的特征并加以分类和利用的能力。

多元智能理论对促进学生潜能研究有着积极意义。

第一，树立新的学生观、教学观和评价观。

根据多元智能理论，我们应该树立积极乐观的学生观。每个学生都有自己的优势智能，有自己的学习风格和方法。我们应时刻清醒地认识到，每个学生都是多种不同智能不同程度的组合，问题不再是一个学生有多聪明，而是一个学生在哪些方面聪明和怎样聪明。

第二，向学生展示多方面的智能领域。

受遗传因素和环境因素的影响，儿童之间很早就表现出兴趣爱好和智能特点的不同。教育工作者的任务就是向学生提供多种多样的智能活动机会，在充分尊重学生发展独特性的同时，保证其全面发展。

第三，注意鉴别并发展学生的优势智能领域。

在多元智能理论看来，每一位学生都有相对的优势智能领域，如有的学生更容易通过音乐来表达，有的学生则更容易通过数学来表达。我们应该在对学生进行评价的基础上注意发现他们的优势智能领域并加以挖掘和发展。

第四，帮助学生将优势智能领域的特点迁移到其他智能领域。

多元智能理论强调八种智能中的每一种在人类认知结构中均具有同等重要的地位，教育应该对不同的智能一视同仁。但它更强调每一个人的智能特点是不一样的，强调每一个人都应该在充分展示自己智能长项的同时，将自己优势领域的意志品质等迁移到弱势智能领域，使自己的弱势智能领域得到发展。

第五，应该注重培养学生的创造能力。

加德纳多元智能理论告诉我们应该注重学生创造能力的培养。在多元智能理论看来，现实生活需要每个人都充分利用自身的多种智能来解决各种实际问题，社会的进步需要个体创造出社会需要的物质产品和精神产品，这两种能力的充分发展，才应该被视作智能的充分发展。从智能的本质上讲，解决实际问题的能力也是一种创造能力，因为它主要是综合运用多方面的智能和知识、创造性地解决现实生活中没有先例可循的新问题，特别是难题的能力。

第六，建构全新的课程设计思路。

多元智能理论为我们挑战传统的课程设计思路并形成新的、有时代特点的课程设计思路提供了有意义的借鉴。根据多元智能理论的理念和实践，有时代特点的课程设计思路可以概括为两点，其一是"为多元智能而教"，其二是"通过多元智能来教"。

二、有益的尝试性研究

1. 确定各学科的研究目标与内容

（1）研究目标。

根据初中学生学习潜能激发的基本精神，结合学校师生的具体情况，以及学校的发展规划，通过研究和实践达成如下目标。

通过研究和实践，教师进一步更新教育教学理念，增强实践能力，形成学生潜能开发的培养目标和具体途径、策略。

通过研究与实践，促进学生主动学习、专注学习、自主学习和高效学习。

通过研究与实践，学校建立一套开发学生学习潜能的管理与行动方案。

（2）研究内容。

根据上述基本精神和研究目标，本课题主要确定如下研究内容：

第一，对于初中学生学习潜能激发相关理论研究。通过学习有关理论文献和经验材料，结合我校实际情况，认真学习，深入研究，明确普通初中学生学习潜能开发的具体内涵，制定学生学习潜能的培养目标，为学生学习潜能开发明确行动措施。

第二，对普通初中学生学习状况进行调查研究。设计调查问卷，就初中学生学习兴趣、学习动机、学习品质、学习方式、学习能力等多维度进行了解，分析学生学习中存在的实际问题，为学习潜能激发的行动研究提供依据。

第三，对初中生学习潜能开发的策略研究。

① 对旨在提高学生专注学习、自主学习的课堂教学实践的策略研究。在生本课堂实践的基础上，继续深化课堂教学改革，在课前、课中以及课后作业等不同途环节探索学生学习潜能开发的策略，打造高效生本课堂，促进学生学习潜能开发。

② 对学生学习潜能激发的主题活动开展的研究。在校内组织形式多样的创新活动，如科技节、学习论坛等，励志讲座，学生公开信等激发学生学习的内驱力。同时，利用校外实践基地和周边教学资源，帮助学生联系生活实际，体验学习价值，激发学习动机。

③ 对学生学习潜能激发的学习氛围营造的研究。营造积极向上的班级文化和校园文化氛围，充分利用校园不同区域，利用标牌、板报、橱窗等阵地，激发学生学习热情，启发思维能力，倡导科学学习方式。

④ 对不同类型的学生进行个案研究。可以是A类，即成绩相对比较好，在班级或年级担任学生干部，且排名靠前的学生；可以是B类，即具有一定特殊学习潜能开发经历的学生，主要包括参加器乐、书画、表演、围棋或信息学奥林匹克竞赛培训的学生；也可以是C类，即学习上存在一定问题，发展相对滞后的学生。

2. 研究过程与措施建议

（1）研究过程。

①通过文献学习和专家指导，完善课题设计。各课题组阅读相关理论书籍和通过中国知网收集相关文献，组织核心成员进行学习，对学生学习潜能

开发的内容、原则以及意义进行深入的理论研究。各学科课题组进一步完善课题设计,成立研究小组。教师发展中心也将分批分层组织相关老师开展专业培训活动。

②通过对学生学习现状调查,分析存在问题。为了了解我校的教与学情况,改进教学管理和评价的策略,促使学生更好地自主学习,建议编制调查问卷。问卷要涉及学习的动机强度、态度、兴趣、导向、学习方法、学习习惯、教法等。通过在不同年级、不同科类学生中进行普遍性的调查,以及对学生问卷调查进行分析研究,为后阶段的研究进一步提供依据。

③通过立体式教育教学实践,付诸行动研究。根据课题实施方案组织和指导各层面研究骨干有计划、有步骤、有重点地开展行动研究。在学生潜能激发的实践过程中继续开展理论研究和实践交流,在教育教学管理、课堂教学、氛围建设和主题活动组织等多种途径中,采用相应的策略。在实践过程中,及时总结经验,发现问题,深入反思,进一步改进研究方案,直到达成研究目标,产生预期效果。

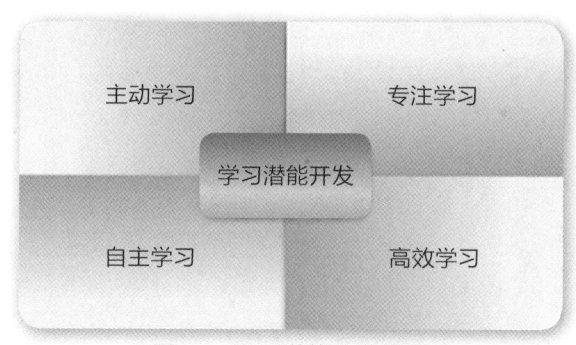

图5.1 学习潜能开发模型

(2)方法措施。

①明确分工,落实责任。课题核心组成员涉及年级组、学科组和教学科研部门各个层面。课题组要求把课题研究工作列入常规化工作,年级组层面由年级领导小组具体执行,主要工作是制定、完善并实施规范化、系统化的教育教学管理。课堂教学由教务处具体落实,主要任务是深化课堂教学改革,做好教学管理。学科组由科研处统一部署,主要是制定、完善并实施学科教学课程规划,建设课程基地等。各个层面相互协作,同心同向,致力开发学生学习潜能研究和探索。

②加强学习，重视交流。课题立项之后，课题组就制定了学习制度，鼓励课题组成员带领相关人员进行专业理论学习，并且及时总结反思，多渠道了解课题相关研究动态。定期组织各层面的例会，重点交流研究进展中的经验，分析相关问题。坚持"请进来、走出去"的原则，一方面邀请专家到校指导，另一方面组织教师到兄弟学校交流学习。

第二十一章 微学习

一、微学习的目的与意义

"微学习",即"碎片化学习",就是利用一些零碎的时间进行学习。为了落实国家"五项管理"、更好利用零碎的可用时间,加强我校学生的勤奋学习、自主学习意识,培养学生会学习,主动求知,养成好奇善思,自信乐学的学习习惯,进一步提高学习成绩,在全校形成珍惜时间、勤奋学习的良好学风和校风。

二、微学习要求

按照微学习理念,结合学校教育教学实际和学生生活实际,可利用的碎片化学习时间有以下两类。

1. 校内

(1)每天早上入校前排队等候时,学生在值班领导和值班教师组织下诵读。

(2)班级晨读时,班主任组织完成晨检和交完作业的同学起立放声诵读(八年级生物、地理教师事先给学生布置一周过关背诵任务)。

(3)每节课预备时间,任课教师和课代表组织学生记诵有关内容,教管中心检查考核。

(4)午默时间责任教师负责具体默写任务的落实与检查考核。

(5)午饭时间,班主任和班干部组织学生在餐厅排队时采用"掌中宝"默读记诵。值班领导与安全值班干部负责检查督促。

(6)每天放学时间,课后服务当值教师组织学生排队下楼出校门时集体大声背诵。

2. 校　外

（1）每天上下学、车站等车或乘车、乘坐地铁途中，学生自主及家长督促学习。

（2）在家等候家长做饭时，学生自主或家长督促学习。

（3）晚上睡觉前，学生自主回顾当天所学内容，以便记忆。

（4）外出旅行乘坐高铁、飞机、轮船等，学生自主或家长督促学习。

3. 推进微学习的几点措施

（1）全面动员，提高认识。

一是组织召开师生大会、年级学生会、班会等，对教师和学生进行全面动员，提高师生对碎片化学习的作用和价值的认同感，重点是使学生增强时间观念，强化对碎片化学习功能的认识，增强学习意识以及在不同时空状态下能学习、会学习的能力。真正形成和促进全校学生无论在校、在家、在一切有利于和可利用的条件下能够有效学习的氛围，养成善于学习、善于思考的良好学习习惯，为迅速提高学习成绩、奠定扎实的学识基础创造条件。

二是利用家长会和其他方式对家长进行宣传动员，使其配合做好校外碎片化学习的监督和督促工作。

（2）落实责任，加强督促。

根据校内各个有效时间段开展微学习的实际情况，由主管处室负责制定具体细则和要求，明确各时段人员组织指导学生开展微学习的具体责任，以便于教师和管理人员进行任务落实和督促实施。

（3）评价奖惩，促进提升。

运用评价功能，进行年级、班级评价考核。对开展微学习组织指导有力的教师和管理人员定期进行校级评比，对模范执行微学习的班级和成绩优异的学生进行表彰奖励。

教学管理中心将教师组织实施"微学习"情况纳入综合量化来考核。

学生成长中心将各班学生"微学习"检查考核纳入班级量化以及"星光班级评选"。

安全与后勤服务中心的行政管理教师还要按照处室的安排，承担相应的组织、协调、检查、评价、考核等工作。

第二十二章　学生课堂及自习规范

1. 预　备

预备铃响，有序回到座位，科代表组织全体同学进行候课朗读等活动，充分利用课前三分钟，等候老师上课。

2. 课　前

教师走上讲台后，班长喊"起立"，全体学生按要求向左（右）侧跨一步立正站好，向老师问好，老师回礼后学生安静坐下，尽量做到桌凳不发出声响。

3. 课　中

（1）听讲时要挺胸抬头，端正坐好，两肘放在课桌上，右手放在左手上面，两脚平放在地面，距离与肩同宽。

（2）上课时精力集中，不做与本堂课学习无关的事情，认真倾听老师讲解和同学答问，不得随意打断别人发言，边听边思考。

（3）发言前先举手，右手五指并拢自然举起，肘部不得撞击桌面发出声响。老师同意后方可发言。

（4）发言时要侧跨一步，身体站直，做到自然大方，声音洪亮，使用普通话，语言流畅，完整准确。

（5）读书时身子坐直，眼睛离书一尺（1尺≈33.33厘米），双手拿书，书向外自然倾斜，与桌面呈45°角。站着读书时，不但要按照要求拿好书，还要站直站稳。

（6）书写时，姿势正确，做到"三个一"，即眼离本一尺，手指离笔尖一寸（1寸≈3.33厘米），胸离桌子一拳。左右两臂平放在桌面上，左手按纸，右手执笔，纸要放正，不歪头书写。

4. 课　后

下课铃声响，老师宣布下课后，班长喊"起立"，学生齐呼："老师，您辛苦了！"班长提醒同学："桌凳归位，整理桌面，更换书本，按最小半径捡拾垃圾。"学生安静、迅速、有序地按指令行动。

5. 自习规范

（1）预备铃响，班长在黑板书写"无声音、无传递、无移位"，并督促同学们打扫教室卫生，做好自习准备。

（2）自习期间应认真完成作业，认真复习功课，不做与学习无关的事，高质量完成作业后可以阅读一些有益的书籍。

（3）爱护教室清洁卫生，不吃零食，不乱丢垃圾。按"最小半径"原则保持教室卫生。

第二十三章 社团工作

一、社团项目开设方案

（一）指导思想

为了丰富学生校园业余生活，满足学生的多元文化需求，在促进学生全面发展的同时，充分挖掘学生的潜能，使学生初步形成某些特长，并且能够在初中三年掌握2~3项技能，推动校园文化建设，全面提升学生的综合素质和生活品质，使学生幸福成长。

（二）创办理念

"人人有自信，个个有发展"。

（三）社团项目开设的基本要求

1. 总体目标

丰富校园文化生活，培养学生的创新精神、实践能力、合作意识，促进学生全面发展，使社团活动的开设逐渐成为学校素质教育的靓丽窗口，打造沣东一中特色。

2. 具体要求

为确保活动正常有效地开展，做到有计划、有组织，学校要从人员、时间、制度等方面加强管理。

（1）通过组织多种社团活动，使学生可以根据自己的兴趣和爱好，自主地、有选择地参加书画、文艺、体育、计算机等方面的活动，以发展他们的兴趣和特长。

（2）通过组织学生参加多种实践活动，使他们课内所学到的知识得到巩固和加深，同时获得更多展示的平台，增强自信心和表现力。

（3）培养学生健体能力和审美能力，增长知识，发展智力，让学生在活动中学有所乐，学有所获，学有所用。

（4）通过引导学生参加富有教育意义的活动，使他们受到良好的思想品德教育，丰富校园文化。

（5）通过组织学生参加有益的文娱、体育活动，获得科学的休憩，使他们生活愉快，身心健康。

（四）社团开设内容

社团活动开设要遵循"八个性"：第一是多样性，要满足不同特长、不同兴趣、不同层次学生的发展需要；第二是专业性；第三是艺术性；第四是健身性；第五是趣味性；第六是科学性；第七是终身性；第八是教育性。所有的项目都要坚持以人为本，遵循学生身心发展规律，有利于学生的健康成长。根据我校的实际情况及学生的兴趣爱好，在下学期我校拟开展以下几个方面的社团活动。

（1）体育类：篮球、足球、排球、羽毛球、乒乓球、花样跳绳、啦啦操。

足篮排为中考体育项目之一，学生在社团课以及体育课上进行学习可以为应试打基础。例如，花样跳绳项目能够很好地促进学生协调性的发展；学生积极参加乒乓球、羽毛球项目，可以很好地提高协调性、灵敏性、耐力等。

（2）艺术类：舞蹈、合唱团、主持人、葫芦丝、硬笔书法、软笔书法、国画、手工制作。

艺术类项目可以很好地培养学生的语言表达能力和动手能力，提高学生的主动性、专注力、自控力等，增强自信心和团队合作能力。

（3）其他类：围棋、国际象棋、中医文化、芳草园（生物）、创意编程、英语戏剧、英语演讲（辩论）。

围棋、国际象棋、创意编程能够锻炼学生的思维能力；中医文化社团，学生可以学到基本的医理知识以及常见的康复、按摩手法，能够运用于日常生活；"芳草园"项目可以培养学生的观察能力以及创新能力；英语戏剧社、英语演讲（辩论）社能够促使学生灵活运用学科知识，培养学生的表达能力。

（五）社团的组织与管理

各社团活动要确保五落实：组织落实、人员落实、场地落实、时间落实、辅导落实；每个活动社团认真组织，精心安排，确保零安全事故。

（1）各社团活动小组指导教师、活动地点、活动人员安排。

（2）活动时间。下午第四节课为各社团活动小组活动时间。确保做到计划、组织、辅导、活动内容的落实。

（3）活动计划。各社团小组在活动实施前必须制订本学期具体可行的活动计划，上交一份备查，各组教师不得私自更改活动计划。

（4）学生管理。各组教师不得私自增加学生，须经学校批准方可增加。教师要严格管理学生考勤，对于累计三次无故缺勤者以及自动退出社团的学生，应及时作好记录并上报学校或所在班级的班主任。

（5）检查监督。学校每周检查一次课外社团小组的活动情况并记录，对于管理混乱松懈的课外社团小组，在考核时酌情处理。

（6）成果展示。各社团小组应在活动计划中明确本组活动成果的形式、展示时间、展示方式。成果形式可以是展览、汇报表演、技能展示、参加比赛取得名次等，要求每学期有一次成果展示。

（7）学校领导成员不定期地进行跟踪检查指导，不断总结好的活动经验，相互学习，相互推广。

（8）档案建设。点名册、社团学期活动计划、社团活动记录（照片或视频）、阶段性成果展示、学期末社团活动总结。

二、社团考核细则

社团是学生活动的主要阵地，是丰富校园文化的主力军，也是学校实施素质教育的优秀载体。为进一步加强社团活动的规范化指导与管理，提升社团活动的质量，激发社团活动的生机与活力，发挥优秀社团的示范作用，特制定《西咸新区沣东新城第一初级中学社团考核细则（试行）》。

（一）领导小组

组长：陈健

组员：牛婷、蒋强、马鑫、杨光玮、毛翼龙、刘崇坤

（二）考核小组

组长：陈健

副组长：牛婷

组员：刘立、王玥、陈秀茹、高杨森、刘攀

（三）考核内容

考核内容包括日常管理考核（70分）和期末展示考核（30分）两个部分。

日常管理考核包括常规管理（20分）、活动组织（30分）、资料建设（15分）、场地管理（5分）。

期末展示考核包括自选成果展示（20分）和特色成果展示（10分）。

最终，考核结果将按照优秀、合格、不合格三个等级公示，优秀社团原则性占比不超过20%，每学年根据社团工作实际情况由社团考核小组会议决定。

（四）考核标准

1. 日常管理考核

（1）常规管理：20分（巡视检查）。

第一，社团指导老师出现迟到、早退或提前下课等现象（三分钟内），每次扣10分。认定为教学事故的，按照《教学管理中心教学事故处理办法》处理。

第二，社团指导老师无故旷工，造成学生无人管理，每次扣20分。认定为教学事故的，按照《教学管理中心教学事故处理办法》处理。

第三，社团指导老师在正式活动前，未按照规定进行学生考勤或考勤后发现学生未到场，未第一时间告知班主任，每次扣10分。认定为教学事故的，按照《教学管理中心教学事故处理办法》处理。

第四，社团指导老师在结束活动后，未按照规定对学生进行清点或未组织学生，将学生有序带离校园，每次扣10分。认定为教学事故的，按照《教

学管理中心教学事故处理办法》处理。

（2）活动组织：30分（巡视检查）。

第一，社团活动前未严格检查教学设施、设备、场地的安全，或发现不安全隐患未立即排除，不能排除的，未立即向值周领导报告，让学生在有危险的环境中开展教学活动，造成学生出现轻微的安全事故的，每次扣20分。认定为教学事故的，按照《教学管理中心教学事故处理办法》处理。

第二，社团组织相关活动前，指导教师未对学生进行安全培训，或活动安全保障不当，导致学生出现轻微的安全事故，每次扣20分。认定为教学事故的，按照《教学管理中心教学事故处理办法》处理。

第三，社团活动无序，组织纪律混乱，出现上课后学生在校园闲逛现象（两人及以上），每次扣5分。

第四，社团活动中出现将学生赶离教室或活动场地，或让学生回班，或脱离指导教师视线，每人每次扣5分。

第五，社团活动期间，指导教师未正常开展社团活动或干与社团活动无关的事情，或让学生干与社团活动无关的事情，每次扣20分。认定为教学事故的，按照《教学管理中心教学事故处理办法》处理。

（3）资料建设：15分（查看资料）。

第一，活动点名不及时，社团名册记载不翔实或遗失，每次扣5分。

第二，活动前无计划，期末无总结，活动后无记录，每次扣5分。

第三，活动照片、学生作品等未保存完整，每次扣5分。

第四，以上资料迟交每次扣5分，资料内容敷衍或存在未按照要求书写，活动主题、内容、反思等敷衍或大量缺失，每次扣2分。

（4）场地管理：5分（实地检查）。

第一，活动结束后，未及时断电、关水、关门、关窗，每次扣2分。

第二，活动结束后，场地内地面不干净、桌椅不整齐、墙壁污迹、教学具破损，每次扣2分。

第三，内部物品管理无序，出现丢失等现象，每次扣5分。

2. 期末展示考核（30分）

（1）自选成果展示：20分（评委团打分）。

展示分为三类、舞台演出类、手工美术类、课堂展示类。根据社团性质选择一类进行成果展示考核。评委由非社团老师代表、学生代表、中层干部组成。将三方评委的打分汇总后取平均数乘以20%作为总成绩。

具体要求：

手工美术类：以作品呈现为主，将学生在社团活动中优秀作品进行展示（请在日常活动中做好作品累积）。

课堂展示类：在课堂上展示社团一学年的活动成果和课堂特色，时间10~15分钟。

舞台演出类：展演成熟舞台作品，要求全部学生参与。

流程：

第一，各社团根据自身特色，于考核前申报考评形式。

第二，考评组根据上报情况进行商议后反馈考评展示形式。

第三，对各社团进行打分形式考评并提交相关资料。

第四，考核评审团根据上交资料和现场考评进行认定、评比。

（2）特色成果展示（10分）。

社团活动有一定积极影响，活动有特色，且获得校级以上活动展演、展出或比赛奖项。审核比赛等级或活动影响力，根据校级、区级、市级、省级、国家级，分别每次加2分、4分、6分、8分、10分、封顶10分。

（五）奖惩措施

（1）考评分数领先，成绩处于前20%的社团可被评为年度优秀社团，并给其颁发证书。

（2）凡社团活动中出现下列情形之一的，该社团考核不合格。

第一，社团指导教师出现不按照流程请假导致旷课。

第二，社团开展具有一定专业性、危险性、特殊性的活动时，指导教师未对学生进行相关的安全培训或指导，导致学生出现安全事故。

第三，社团活动开始前，指导教师未进行考勤或考勤后发现学生未到场，未及时告知班主任或值班教师，导致学生发生安全事故。

第四，违反学校的规定，违规收取费用、筹集资金的；从事营利性的经营活动的；侵占、私分、挪用社团资产或所接受的捐赠、资助的。

第五，社团在一学期内未进行展演活动的。

第六，违反学校的其他相关教学规定或违反师德师风的行为及本细则未涉及的行为。

（六）附则

（1）本考核细则自发布之日起实施。

（2）本考核细则为试用版，后期根据实际情况不断完善修订。

（3）本考核细则未涉及的事宜，由社团考核小组商议后决定。

三、社团活动安全

安全是学校一切工作的前提，为了增强社团教师的安全防范意识，全面落实社团课程学生安全责任，确保社团课程安全、有序地开展，推动学校稳定发展，学校决定与社团教师签订安全责任书，明确社团课程安全责任。

（1）树立人身安全第一的思想，做好所带社团学生的安全工作。社团指导教师是所带社团安全工作的第一责任人，对本社团学生社团活动期间的安全负直接责任。

（2）在工作中主动配合学校安全工作领导小组及班主任对学生进行社团活动安全教育，增强学生安全防范意识，排查社团活动场地安全隐患，避免社团活动安全事故发生。

（3）开展社团教学活动前，要严格检查教学设施、设备、场地的安全程度，发现不安全隐患应立即排除，确因个人能力不能排除的，应立即向值周领导或分管领导报告，坚决不在有危险的环境中开展教学活动。

（4）在学生抵达社团活动场地后，必须严格考勤。有未到的学生，应第一时间将情况告知班主任并查明原因，注明情况。教学活动中需要将学生带到操场、室外活动时，或在教学活动中使用体育器材、仪器设备、工具文具时，必须进行安全教育。由于社团教师未进行安全教育，造成安全事故的，社团教师负直接责任。

（5）开展社团教学活动中，教育行为要规范，言行举止符合教师身份，不体罚或者变相体罚学生。不能以任何理由将学生赶离教室或活动场地。若发生违反师德师风的相关事件，由社团教师本人负直接责任，并接受学校或教育部门处理。

（6）开展社团教学活动中，密切关注学生的行为，若发现学生拥挤、哄闹、旷课、不遵守作息时间、不按时到场等违反课堂规范和管理规定的现象，应立即制止并严格教育，若事态严重需向年级领导或分管领导报告，否则发生的事故由社团教师本人负直接责任。

（7）开展社团教学活动中，社团教师不能随意离开活动场地或教室。如因社团老师迟到早退或随意离开，导致学生发生意外事故的由社团教师本人负直接责任。

（8）结束社团教学活动后，要先检查教学设施、设备，如有损坏应及时让学生登记并上报部门负责人。

（9）下课铃声响起后，清点社团当日实到学生人数，并对学生进行相关安全教育。清点完毕且学生齐全后，组织学生安全有序地离开校园。

（10）在学生、教师正当权益或人身安全受到威胁时，在集体财产遭受损失时，挺身而出，见义勇为，控制事态发展。若听之任之、不报告、不处理或处理不当，负直接责任或连带责任。

（11）一学年中，所带社团出现一次较大安全事故，相关教师负直接责任或三次连带责任的，其该学年年度考核和教学业绩考核均定为"不合格"，并按教育局有关文件处理。